10
18

12, AVENUE D'ITALIE. PARIS XIIIe

Sur l'auteur

Né en 1957 aux États-Unis, David Sedaris est journaliste, dramaturge et chroniqueur sur la National Public Radio. Il est également l'auteur des best-sellers *Tout nu* (éditions Florent Massot, 1999), *Je parler français* (éditions Florent Massot, 2000) et *Delirium Tremens* (éditions Florent Massot, 2001). David Sedaris vit aujourd'hui à Paris.

DAVID SEDARIS

HABILLÉS POUR L'HIVER

22 épisodes de la vie d'une famille presque normale

Traduit de l'américain
par Élisabeth PEELLAERT

10
18

« Domaine étranger »

dirigé par Jean-Claude Zylberstein

PLON

Titre original :
Dress Your Family in Corduroy and Denim

ISBN 978-2-264-04476-1

Pour Hugh.

Nous et eux

Quand mes parents vinrent s'installer en Caroline du Nord, nous emménageâmes dans une maison située à trois rues de l'école où j'allais entrer en CE2. Ma mère se lia d'amitié avec une voisine, et une seule parut lui suffire. Dans moins d'un an nous allions encore déménager et donc, ainsi qu'elle le fit remarquer, c'était inutile de devenir intime avec des gens à qui il faudrait dire adieu. Pourtant, notre maison suivante se trouvait à moins de deux kilomètres de distance, et un trajet aussi court n'imposerait ni larmes ni adieux. Un « à bientôt » serait plus juste. J'adoptai néanmoins l'attitude de ma mère, car celle-ci me permettait de faire comme si ne pas avoir d'amis était la conséquence d'un choix délibéré. Je pouvais en avoir si je voulais. Mais ce n'était pas le bon moment.

Dans l'Etat de New York, nous avions habité à la campagne, là où il n'y avait ni trottoirs ni éclairage public ; on pouvait quitter la maison et toujours être seul. Mais ici, quand on regardait par la fenêtre, on voyait d'autres maisons et des gens à l'intérieur. J'espérais qu'en allant faire un tour après minuit je tomberais au moins sur un meurtre, mais nos voisins, pour la plupart, restaient dans leur salon à regarder la télévision. La seule maison réellement différente appartenait à un certain Mr Tomkey, qui ne croyait pas à la télévision. Cela nous avait été rapporté par l'amie de notre mère, qui était passée un après-midi avec un panier d'okras. La femme en question n'avait pas fait connaître son opinion – elle s'était contentée de fournir l'information, laissant à son interlocutrice le soin d'en tirer ses propres conclusions. Si ma mère avait dit : « C'est la chose la plus folle que j'aie entendue de ma vie », je suppose que l'amie aurait acquiescé, et si elle avait dit : « Vive Mr Tomkey », l'amie aurait fort probablement acquiescé aussi. C'était une sorte de mise à l'épreuve, comme avec les okras.

Dire que vous ne croyiez pas à la télévision n'était pas la même chose que dire que vous ne la regardiez pas. Une telle croyance laissait entendre que la télévision avait un schéma directeur auquel vous étiez opposé. Elle suggérait également que vous pensiez trop. Quand ma mère lui dit que Mr Tomkey ne croyait pas à la télévision, mon père répondit : « Grand bien lui fasse. Je ne suis pas sûr d'y croire, moi non plus.

— C'est exactement mon sentiment », dit ma mère. Là-dessus, mes parents regardèrent les informations et toute la suite du programme après les informations.

La rumeur selon laquelle Mr Tomkey n'avait pas la télévision se répandit et l'on commença à entendre que tout ça, c'était bien beau, mais qu'il était injuste d'imposer ses croyances aux autres, particulièrement à sa femme et à ses enfants, tous innocents. On estimait que, tout comme l'aveugle développe une ouïe plus fine, la famille devait avoir trouvé une façon de pallier ce manque. « Peut-être qu'ils lisent, dit l'amie de ma mère. Peut-être qu'ils écoutent la radio, mais je vous fiche mon billet qu'ils font *quelque chose.* »

J'avais envie de savoir en quoi consistait ce quelque chose, et je me mis donc à surveiller les fenêtres des Tomkey. Pendant la journée, je restais sur le trottoir d'en face, comme si j'attendais quelqu'un, et, le soir, quand la vue était meilleure mais que je risquais de me faire repérer, je me glissais dans leur jardin et me cachais dans les buissons près de la clôture.

Comme ils n'avaient pas la télévision, les Tomkey étaient obligés de parler pendant le dîner. Ils n'avaient aucune idée d'être pathétiques et n'avaient donc pas honte qu'aux yeux d'une caméra leur existence paraisse ennuyeuse. Ils ignoraient le sens du mot séduction ou à quoi un dîner était censé ressembler, ou même à quelle heure les gens prenaient leurs repas. Parfois ils ne s'attablaient pas avant huit heures, longtemps après que tous les autres avaient fini la vaisselle. Au cours du repas, il arrivait à Mr Tomkey de frapper du poing sur la table et de pointer sa fourchette sur ses enfants, mais dès qu'il cessait, tout le monde se mettait à rire. J'en déduisis qu'il imitait quelqu'un d'autre et je me demandai s'il nous épiait pendant que nous, nous mangions.

L'automne venu, et avec lui la rentrée scolaire, je vis les enfants Tomkey grimper la colline avec des sacs en papier à la main. Le fils était une classe au-dessous de moi, et la fille une classe au-dessus. Nous ne nous parlions jamais, mais je les croisais de temps à autre dans les couloirs et je m'efforçais de voir le monde comme ils le voyaient. Quel effet cela faisait-il d'être aussi ignorants et seuls ? Une personne normale pouvait-elle même l'imaginer ? Les yeux fixés sur une boîte à sandwichs Elmer Fudd, je tentais de rompre avec tout ce que je savais : qu'Elmer ne pouvait pas prononcer la lettre R, qu'il pourchassait sans relâche un lapin intelligent et bien plus connu que lui. J'essayais de ne voir que le dessin, mais il était impossible de le séparer de sa célébrité.

Un jour, en classe, un garçon nommé William commença à écrire la mauvaise réponse au tableau et notre institutrice battit des bras en disant : « Attention, Will. Danger. Danger. » Sa voix synthétique était vide d'émotion, et nous éclatâmes de rire, sachant qu'elle imitait le robot dans un feuilleton hebdomadaire qui racontait l'histoire d'une famille habitant dans l'espace. Les Tomkey, eux, auraient pu croire qu'elle avait une crise cardiaque. Il me vint à l'esprit qu'ils avaient besoin d'un guide, de quelqu'un qui soit en mesure de les accompagner tout au long d'une journée normale et de leur montrer tout ce qu'ils ne pouvaient pas comprendre. J'aurais pu le faire pendant les week-ends, mais l'amitié aurait dissipé leur mystère et aurait été un obstacle au bien-être que j'éprouvais à avoir pitié d'eux. Je gardai donc mes distances.

Au début du mois d'octobre, les Tomkey firent l'acquisition d'un bateau, et tout le monde sembla en tirer un immense soulagement, surtout l'amie de ma mère, qui observa qu'il était, indéniablement, équipé d'un moteur d'occasion. On rapporta que le beau-père de Mr Tomkey possédait une maison au bord du lac et avait proposé à la famille d'y séjourner quand ils le voudraient. Voilà qui expliquait leur absence durant tout le week-end, sans pour autant la rendre plus facile à supporter. C'était comme si on avait annulé mon spectacle favori.

Cette année-là, Halloween tombait un samedi, et quand ma mère nous emmena enfin faire des courses, tous les costumes sympas avaient disparu. Mes sœurs se déguisèrent en sorcières et moi en clochard. J'étais impatient de me présenter avec mon déguisement à la porte des Tomkey, mais ils étaient allés au bord du lac, et il n'y avait pas de lumière chez eux. Avant de partir, ils avaient laissé sur le perron un pot à café plein de boules de gomme, accompagné d'un panneau disant NE SOYEZ PAS GOURMANDS. En termes de confiseries d'Halloween, il n'y avait pas plus mesquin que les boules de gomme individuelles. Pour preuve, il en flottait un bon nombre à côté, dans le bol du chien. C'était écœurant d'imaginer qu'une boule de gomme pouvait ressembler à ça dans votre estomac et c'était humiliant de s'entendre dire de ne pas trop se servir de quelque chose dont on n'avait pas vraiment envie de toute façon. « Mais pour qui ils se prennent, ces Tomkey ? » dit ma sœur Lisa.

Le soir du lendemain d'Halloween, nous étions en train de regarder la télévision quand on sonna à la porte. Chez nous, les visites étaient peu fréquentes. Mon père ne bougea pas, mais ma mère, mes sœurs et moi, tous ensemble, descendîmes en courant ouvrir la porte et trouvâmes la famille Tomkey au complet sur notre perron. Les parents étaient vêtus comme à l'ordinaire, mais le fils et la fille étaient déguisés – elle en ballerine et lui en une espèce de rongeur avec des oreilles en éponge et une queue faite de ce qui avait l'air d'une rallonge électrique. Ils avaient passé la soirée précédente seuls au bord du lac et ils avaient manqué l'occasion de fêter Halloween. « Alors, bon, voilà, si vous êtes d'accord, on vient vous demander des bonbons *maintenant* », déclara Mr Tomkey.

J'attribuai leur comportement au fait qu'ils n'avaient pas la télévision, mais on n'apprenait pas tout à la télévision. Demander des bonbons le jour d'Halloween, c'était la tradition, mais en demander le 1er novembre, c'était de la mendicité, et ça mettait les gens mal à l'aise. Voilà le genre de chose qu'on était censé savoir du simple fait d'être vivant, et que les Tomkey ne l'eussent pas compris déclencha mon exaspération.

« Mais bien sûr, ce n'est pas trop tard, dit ma mère. Les enfants, pourquoi ne... courez-vous pas chercher... les bonbons ?

— Mais il n'y a plus de bonbons, dit ma sœur Gretchen. Tu as tout donné hier soir.

— Pas ces bonbons-*là*, répondit ma mère. Les autres bonbons. Allez vite les chercher.

— Tu veux dire *nos* bonbons ? fit Lisa. Les bonbons que nous avons *gagnés* ? »

C'était exactement ce à quoi pensait notre mère, mais elle ne voulait pas le dire devant les Tomkey. Pour ne pas les vexer, elle voulait qu'ils croient que nous avions toujours un seau dans la maison plein de bonbons qui n'attendaient que le moment où quelqu'un viendrait sonner à la porte pour les demander.

« Allez, dit-elle, dépêchez-vous. »

Ma chambre donnait sur le hall d'entrée et si les Tomkey avaient regardé dans cette direction, ils auraient pu apercevoir le sac en papier kraft marqué MES BONBONS, NE PAS TOUCHER. Je ne voulais pas qu'ils sachent combien j'en avais, j'allai donc dans ma chambre et refermai la porte derrière moi. Puis je tirai les rideaux et vidai mon sac sur le lit pour choisir ce qu'il y avait de plus merdique. Depuis toujours, le chocolat me rend malade. J'ignore si je suis allergique ou quoi, mais un tout petit morceau suffit à provoquer chez moi une migraine fulgurante. J'ai fini par me résoudre à ne plus y toucher, mais encore enfant je refusais d'être mis au ban. Les brownies étaient avalés, et quand le martèlement commençait je m'en prenais au jus de raisin, à la fumée de cigarette de ma mère ou à la pression de mes lunettes – à tout sauf au chocolat. Mes barres chocolatées étaient du poison mais de marque, je les plaçai donc sur le tas n° 1, celui qui en aucun cas n'irait aux Tomkey.

Dans le couloir, j'entendais ma mère se creuser la tête pour trouver quelque chose à dire.

« Un bateau ! s'écria-t-elle. C'est merveilleux. Vous pouvez le mettre à l'eau directement ?

— En fait, nous avons une remorque, expliqua Mr Tomkey. Et nous le mettons à l'eau en marche arrière.

— Ah, une remorque. Quel genre de remorque ?

— Eh bien, c'est une remorque pour *bateau*, dit Mr Tomkey.

— Oui, mais elle est en bois ou alors en... En fait, je voudrais savoir quel *style* de remorque vous avez. »

Derrière les paroles de ma mère, il y avait deux messages. Le premier, et le plus évident, disait : « Oui, je suis en train de parler de remorques pour bateau, mais en même temps j'ai envie de hurler. » Le deuxième, uniquement destiné à mes sœurs et moi, disait : « Si vous n'arrivez pas tout de suite avec ces bonbons, vous n'aurez plus jamais l'occasion de jouir de la liberté, du bonheur, ni peut-être même d'un geste de tendresse de ma part. »

Je savais que dans les minutes qui allaient suivre, elle viendrait dans ma chambre chercher les bonbons elle-même, qu'elle les attraperait au hasard, sans aucun égard pour mon système hiérarchique. Si j'avais eu assez de présence d'esprit, j'aurais caché les plus précieux dans le tiroir de ma commode, au lieu de quoi, paniqué à la pensée de sa main sur la poignée, je déchirai les emballages et commençai à fourrer les barres chocolatées dans ma bouche, avec désespoir, comme si je participais à un concours. La plupart étaient des miniportions, et donc faciles à loger, mais l'espace étant réduit, il était difficile de mâcher et d'en enfourner d'autres en même temps. La migraine se déclara aussitôt, et je la mis sur le compte de la tension nerveuse.

Ma mère déclara aux Tomkey qu'elle allait voir quelque chose, puis elle ouvrit la porte et passa la tête dans l'entrebâillement. « Mais qu'est-ce que tu fais, *nom de Dieu* ? » chuchota-t-elle ; j'avais la bouche trop pleine pour répondre. « J'en ai pour une minute », lança-t-elle, et comme elle refermait la porte et s'avançait vers mon lit, je commençai à casser les crocodiles et les colliers de bonbons pris dans le tas n° 2. Après les barres chocolatées, c'est ce que j'avais reçu de mieux, et les détruire avait beau me faire mal au cœur, les donner m'aurait coûté davantage de souffrances. Je venais d'entamer la mutilation d'une boîte de mini-Red Hots quand ma mère me les arracha des mains, parachevant mon travail sans le vouloir. De minuscules pastilles crépitèrent sur le sol, et tandis que je les suivais du regard, elle s'empara d'un paquet de gaufrettes Necco.

« Pas ça, suppliai-je, mais à la place des mots ma bouche crachait du chocolat, du chocolat mâché qui jaillit sur la manche de son pull. Pas ça. Pas ça. »

Elle secoua son bras et, tel un horrible étron, l'agrégat de chocolat tomba sur mon couvre-lit. « Regarde-toi dans la glace, dit-elle. Mais alors *vraiment*, regarde-toi dans la glace. »

Outre les gaufrettes Necco, elle emporta plusieurs Tootsie Pops et une demi-douzaine de caramels enveloppés de Cellophane. Je l'entendis s'excuser auprès des Tomkey d'avoir été si longue, après quoi j'entendis mes bonbons tomber au fond de leurs sacs.

« Qu'est-ce qu'on dit ? » demanda Mrs Tomkey.

Et les enfants répondirent : « Merci. »

Si je craignais des représailles parce que je n'avais pas apporté mes bonbons assez vite, mes sœurs pouvaient craindre pire parce qu'elles n'avaient pas du tout apporté les leurs. Nous restâmes dans nos chambres tout le début de la soirée, et puis, doucement, l'un après l'autre, nous montâmes rejoindre nos parents devant la télévision. J'arrivai le dernier et je m'assis par terre près du canapé. Au programme il y avait un western, et même si la douleur dans mon crâne n'avait pas été lancinante, je doute que j'aurais eu les ressources nécessaires pour le suivre. Sur la crête d'une colline rocailleuse, une bande de hors-la-loi regardaient un nuage de poussière avancer à l'horizon, et je repensai aux Tomkey et à quel point ils avaient eu l'air seuls et décalés dans leurs costumes bidon. « Elle était bizarre, sa queue, non ? demandai-je.

— Chuuut », répondirent mes parents.

Pendant des mois j'avais protégé ces gens et veillé sur eux, mais voilà, un seul geste stupide avait suffi pour changer ma pitié en quelque chose de dur et de laid. Le changement ne s'opéra pas graduellement, il fut immédiat et suscita en moi un pénible sentiment de perte. Nous n'étions pas amis, les Tomkey et moi, mais je leur avais tout de même fait l'offrande de ma curiosité. L'intérêt que je portais à la famille Tomkey me donnait l'impression d'être généreux : désormais, il me faudrait changer de stratégie et trouver du plaisir à les détester. La seule alternative consistait à obéir à ma mère et à aller me regarder dans la glace. C'était une vieille ruse, destinée à retourner la haine contre soi, et si j'étais bien décidé à ne pas tomber dans le piège, j'avais du mal à me débarrasser du cliché mental qui s'était developpé grâce à sa petite suggestion : un garçon assis sur un lit, la bouche barbouillée de chocolat. C'est un être humain, mais c'est également un goret, entouré d'ordures, qui se goinfre pour que les autres soient privés. S'il n'y avait au monde que cette unique image, vous seriez contraint de lui accorder toute votre attention, mais heureusement il en existait d'autres. Cette diligence, par exemple, qui apparaît au détour de la route avec sa cargaison d'or. Cette nouvelle Mustang décapotable étincelante. Cette jeune fille à la crinière splendide, qui sirote un Pepsi avec une paille, une image après l'autre, encore et encore, jusqu'aux informations, et pendant toute la suite du programme après les informations.

Qu'il neige

A Binghampton, dans l'Etat de New York, l'hiver était synonyme de neige, et même si j'étais encore petit au moment de notre départ, je me rappelais la hauteur des congères, preuve à mes yeux que la Caroline du Nord était, au mieux, un Etat de troisième ordre. Le peu de neige qui tombait fondait généralement une heure ou deux après avoir touché le sol et on se retrouvait, en coupe-vent et mouffles peu convaincants, en train de façonner une silhouette grossière surtout constituée de boue. Des Nègres de Neige, c'est comme ça qu'on les apppelait.

L'hiver de mon année de CM2 la chance nous sourit. La neige tomba et, pour la première fois depuis des années, elle s'accumula. On ferma l'école et, deux jours après, la chance nous sourit à nouveau. Il en était tombé trente centimètres et, au lieu de fondre, elle gela. Cinq jours après le début de nos vacances ma mère eut une petite dépression. Notre présence avait interrompu le cours de la vie secrète qui était la sienne pendant que nous étions à l'école et quand elle n'eut plus la force de le supporter, elle nous demanda de sortir. Ce n'était pas une prière aimable, plutôt quelque chose qui ressemblait à un bannissement. « Foutez le camp de ma maison », dit-elle.

Mes sœurs et moi, on lui a rappelé qu'il s'agissait aussi de notre maison, mais elle a ouvert la porte et nous a poussés sous l'auvent. « Et restez dehors ! »

On a descendu la rue et on est allés faire de la luge en compagnie d'autres enfants du voisinage. Quelques heures plus tard, en rentrant à la maison, on a eu la surprise de trouver la porte toujours fermée à clef. « Oh, allez ! » J'ai sonné et, comme nul ne répondait, on est allés à la fenêtre et on a vu notre mère dans la cuisine, en train de regarder la télévision. D'ordinaire, elle attendait qu'il soit cinq heures pour se servir un verre, mais les jours précédents elle avait fait une exception. Boire ne comptait pas si, après un verre de vin, vous buviez une tasse de café. Elle avait donc placé un verre et un gobelet devant elle sur le comptoir.

« Hé ! Ouvre la porte. C'est nous. »

On a frappé à la vitre mais, sans regarder dans notre direction, elle s'est resservi un verre et elle a quitté la pièce.

« Quelle garce ! » a dit ma sœur Lisa.

Nous avons recommencé à donner des coups et, comme notre mère ne répondait pas, nous avons fait le tour et jeté des boules de neige contre la fenêtre de sa chambre.

« Tu vas avoir de sérieux ennuis quand papa sera rentré ! »

En réponse, ma mère tira les rideaux. Le crépuscule approchait et, le froid devenant plus mordant, il me vint à l'esprit que nous risquions de mourir. C'étaient des choses qui arrivaient, sûrement. Des mères égoïstes voulaient garder la maison pour elles toutes seules, puis on retrouvait leurs enfants des années plus tard, congelés tels des mastodontes saisis dans des blocs de glace.

Ma sœur Gretchen a suggéré que nous appelions notre père, mais aucun d'entre nous ne connaissait son numéro. De toute façon, il n'aurait probablement rien fait. Il travaillait précisément pour échapper à notre mère, sans compter que, entre le mauvais temps et la mauvaise humeur de maman, il pouvait s'écouler plusieurs heures, voire plusieurs jours, avant qu'il ne rentre à la maison.

« Il faudrait que l'un d'entre nous se fasse renverser par une voiture, ai-je dit. Ça leur servirait de leçon à tous les deux. »

Je me représentai Gretchen, sa vie ne tenant qu'à un fil tandis que mes parents faisaient les cent pas au Rex Hospital, en se reprochant de n'avoir pas mieux pris soin de nous. C'était vraiment la solution idéale. Si ma sœur n'était plus là, nous autres aurions plus de prix à leurs yeux et un peu plus de place pour nous étaler.

« Gretchen, va te coucher au milieu de la rue.

— Demande à Amy », a-t-elle répondu.

Amy, à son tour, déclina au profit de Tiffany, qui était la plus jeune et n'avait aucune conscience de la mort. « C'est comme dormir, lui avons-nous expliqué. Seulement on te donne un lit à baldaquin. »

Pauvre Tiffany. Elle était prête à faire pratiquement n'importe quoi en échange d'un peu d'affection en retour. Il vous suffisait de l'appeler Tiff et tout ce que vous convoitiez était à vous : son argent de poche, son dîner, le contenu de son panier de Pâques. Son désir de faire plaisir était absolu et sans dissimulation. Quand on lui a demandé de se coucher au milieu de la rue, son unique question fut : « Où ? »

Nous avions choisi un creux tranquille entre deux collines, un lieu où les automobilistes étaient pratiquement forcés de déraper et de perdre le contrôle de leur véhicule. Petite fille de six ans au manteau beurre-frais, elle s'était placée à l'endroit qu'on lui avait désigné, et nous nous étions regroupés sur le trottoir pour assister au spectacle. La première voiture appartenait à un voisin, un Yankee comme nous qui avait équipé ses pneus de chaînes et qui s'arrêta à quelques dizaines de centimètres du corps de notre sœur.

« Il y a quelqu'un sur la route ? a-t-il demandé.

— Oui, en quelque sorte », a dit Lisa.

Elle expliqua que nous avions été mis à la porte de notre maison ; si l'homme sembla trouver l'argument valable, je suis pratiquement sûr que c'est lui qui nous cafarda. Une autre voiture passa et ensuite notre mère apparut, silhouette hors d'haleine grimpant difficilement le haut de la colline. Elle n'avait pas de pantalon et ses jambes s'enfonçaient dans la neige jusqu'aux mollets. Nous avions envie de la renvoyer à la maison, de la chasser de la nature à coups de pied tout comme elle nous avait chassés de chez nous, mais rester en colère contre quelqu'un d'aussi pitoyable était difficile.

« Tu as mis tes *mocassins* ? a demandé Lisa, et en réponse ma mère a exhibé un pied nu.

— J'*avais* mis des mocassins. Je vous assure, il était encore là il y a une seconde. »

Les choses étaient ainsi. Elle pouvait nous mettre à la porte de notre propre maison et, l'instant d'après, les mains enfoncées dans la neige, nous étions occupés à chercher son mocassin gauche.

« Oh, laissez tomber. Il réapparaîtra dans quelques jours. »

De son bonnet, Gretchen a fait un soulier pour le pied de ma mère. Lisa a offert son écharpe pour la tenir en place et, tous serrés autour d'elle, nous avons repris le chemin de la maison.

Du tonnerre

Ma mère et moi attendions au pressing, derrière une femme que nous n'avions jamais vue. « Une jolie femme, dirait plus tard ma mère. Bien mise. Grande classe. » La femme était vêtue comme l'exigeait la saison, d'une robe fourreau en coton léger imprimé de marguerites surdimensionnées. Ses souliers étaient assortis aux pétales et son sac à rayures noires et jaunes pendait à son épaule, butinant les fleurs telle une guêpe languide. Elle présenta son reçu, prit ses vêtements et exprima ensuite sa satisfaction devant un service qu'elle jugeait rapide et efficace.

« Vous savez, dit-elle, on parle beaucoup de Raleigh, mais ce qu'on dit n'est pas tout à fait vrai, n'est-ce pas ? »

Le Coréen au comptoir hocha la tête, comme on le fait quand on est étranger et que l'on comprend que quelqu'un vient de terminer une phrase. Il n'était pas le patron, rien qu'un employé surgi de l'arrière-boutique, et il était évident qu'il n'avait pas la moindre idée de ce qu'elle disait.

« Ma sœur et moi sommes venues en visite, dit la femme, un peu plus fort cette fois, et à nouveau l'homme hocha la tête. Je serais ravie de rester un peu plus longtemps et d'explorer la région, mais ma maison – enfin, *une* de mes maisons – a été sélectionnée pour le circuit de visite des jardins, alors je dois repartir pour Williamsburgh. »

J'avais onze ans, mais déjà cette phrase me semblait étrange. Si son intention était d'impressionner le Coréen, cette femme avait visiblement gaspillé sa salive, alors à qui le message était-il destiné ?

« Ma maison – enfin, *une* de mes maisons » : le soir venu, ma mère et moi aurions répété cette phrase pas moins de cinquante fois. Le circuit des jardins ne comptait pas, c'était la première partie de sa phrase qui faisait notre joie. Il y avait, comme l'indique le tiret, un temps d'arrêt entre les mots *maison* et *enfin*, un bref instant au cours duquel elle avait fini par se décider : *Oh, et puis pourquoi pas ?* Le mot suivant – *une* – avait franchi ses lèvres comme porté par le souffle d'une brise légère et c'était là que les choses devenaient délicates. Il fallait le prononcer comme il faut, sinon la phrase perdait son pouvoir. Quelque part entre un rire timide et un soupir de confusion heureuse, le *une* conférait à sa déclaration un double sens. Pour ses pairs, elle signifiait « Regardez-moi, je cours tout le temps d'un endroit à l'autre ! » et, pour les moins fortunés, c'était une façon de dire : « Ne rêvez pas, c'est beaucoup de travail d'avoir plusieurs maisons. »

Les douze premières fois, nos voix avaient quelque chose de sec et de snob, mais vers le milieu de l'après-midi elles s'étaient adoucies. Nous voulions ce que cette femme avait. Tenter de l'imiter nous le rendait désespérément inaccessible et nous reprîmes possession de nos identités naturelles.

« Ma maison – enfin, *une* de mes maisons... » Ma mère le disait à la hâte, comme si on la pressait de donner des détails. Elle disait de la même façon :

« Ma fille – enfin, une de mes filles », mais une deuxième maison donnait plus de prestige qu'une deuxième fille et donc ça ne marchait pas vraiment. J'optai pour une direction opposée, exagérant le mot *une* d'une façon qui à coup sûr provoquerait l'hostilité de mon interlocuteur.

« Si tu le dis comme ça, les gens vont être jaloux, me fit observer ma mère.

— Mais c'est bien ce qu'on recherche, non ?

— Un peu, dit-elle. Mais ce que nous voulons surtout, c'est qu'ils partagent notre joie.

— Mais pourquoi partagerait-on la joie de quelqu'un qui a plus que vous ?

— Je suppose que tout dépend de la personne. Mais bon, aucune importance. Nous finirons par trouver. Le jour venu, je suis sûre que nous y arriverons sans problème. »

Et nous attendîmes.

Entre le milieu et la fin des années 60, la Caroline du Nord commença à se baptiser « Pays des Vacances en Toutes Saisons ». Les mots furent gravés sur les plaques minéralogiques et une série de spots publicitaires nous rappelèrent que, à la différence de certains de nos voisins, nous avions la mer ET la montagne. Il y avait ceux qui passaient leur temps à aller de l'une à l'autre, mais en majorité les gens avaient tendance à opter pour un paysage et à s'en tenir là. Pour notre part, nous étions des Amoureux de la Mer, des Amoureux d'Emerald Island, mais c'était surtout du fait de ma mère. Je ne crois pas que mon père se souciait d'aller en vacances ou pas. S'éloigner de la maison le rendait nerveux et irritable, mais notre mère adorait l'océan. Elle ne savait pas nager, mais elle aimait rester au bord de l'eau armée d'une canne. On ne pouvait pas dire exactement qu'elle pêchait, car elle n'attrapait rien et n'exprimait ni espoir ni déception pour ce qui avait trait à son activité. Quelles étaient les pensées qui l'occupaient tandis qu'elle contemplait les vagues ? Mystère complet. Mais on voyait que ces pensées lui plaisaient et qu'elle avait plus de considération pour elle-même quand elles lui venaient.

Une année, mon père attendit trop longtemps pour effectuer notre réservation et nous fûmes contraints de prendre quelque chose sur le bras de mer. Ce n'était pas une maison mais une ruine, le genre d'endroit habité par des pauvres. Le jardin était entouré d'une clôture en chaîne et l'air chargé de mouches et de moustiques normalement chassés par les vents marins. Au milieu des vacances, une horrible chenille laineuse tomba d'un arbre et piqua ma sœur Amy à la joue. Son visage enfla et se décolora, et au bout d'une heure, si elle n'avait pas eu de jambes et de bras, il aurait été difficile de distinguer chez elle la forme d'un être humain. Ma mère la conduisit à l'hôpital et, à leur retour, elle se servit de ma sœur comme Pièce à Conviction, comme si ce n'était pas sa fille mais un immonde étranger forcé à partager nos quartiers. « *Voilà* ce qu'on a quand on attend la dernière minute, dit-elle à notre père. Pas de dunes, pas de vagues, rien que *ça.* »

A dater de cette année-là, notre mère s'occupa elle-même des réservations. Chaque mois de septembre, nous allions passer une semaine sur Emerald Island, toujours « en bordure de l'océan », une expression qui laissait entendre un certain degré de privilège. Les maisons en bordure de l'océan étaient construites sur pilotis, ce qui les faisait paraître sinon grandes, du moins imposantes. Certaines d'entre elles étaient peintes, d'autres revêtues, « dans le style Cape Cod », de planches de bois, et toutes portaient un nom, le plus judicieux étant « Le Paradis du Pantouflard ». Les propriétaires avaient donné à leur panneau la forme de deux pantoufles placées côte à côte. Les chaussons étaient peints de façon réaliste et les lettres, gonflées et indolentes, traînaient tels deux ivrognes contre le faux cuir doux.

« Ah, *ça* c'est un panneau », disait notre père et nous acquiescions. Il y avait Le Martin-Pêcheur, La Perche du Pélican, Sérénité du Soir, L'Auvent Ecossais, Les Dunes Dingues, le nom de chaque maison suivi de celui de son propriétaire et de sa ville d'origine. « Le Clan Duncan – Charlotte », « Les Grafton – Rocky Mount », « Hal et Jean Starling de Pinehurst » – pour l'essentiel ces panneaux disaient : « Ma maison – enfin... *une* de mes maisons. »

A la mer, plus que jamais, nous avions le sentiment que nos existences étaient gouvernées par la chance. Quand elle nous souriait – quand le soleil brillait – mes sœurs et moi avions l'impression d'en être un peu responsables. Nous étions une famille heureuse et de ce fait tout le monde autour de nous était autorisé à nager et à creuser le sable. Quand il pleuvait, nous n'avions pas de chance, et nous restions à l'intérieur pour sonder nos âmes. « Ça va se lever après le déjeuner », disait notre mère, et nous mangions avec précaution, sur les sets de table qui nous avaient porté chance par le passé. Si cela ne marchait pas, nous passions au Plan B. « Oh, maman, tu travailles trop, disions-nous. C'est *nous* qui allons faire la vaisselle. C'est *nous* qui allons balayer le sable. » Nous parlions comme des enfants de contes de fées, espérant que notre bonté ferait sortir le soleil de sa cachette. « Papa et toi, vous avez été si gentils avec nous. Tenez, nous allons vous masser les épaules. »

Si, en fin d'après-midi, ça ne s'était toujours pas levé, mes sœurs et moi cessions la comédie et nous en prenions les uns aux autres, cherchant à découvrir qui avait tout gâché en attirant sur nous la poisse. Lequel d'entre nous semblait le moins mécontent ? Qui était resté sur son lit pourri avec un livre et un verre de chocolat au lait, comme si la pluie n'était pas une si mauvaise chose ? Quand nous tenions la coupable, le plus souvent ma sœur Gretchen, nous la rossions.

L'été de mes douze ans, une tempête tropicale remonta le long de la côte, teintant le ciel de la même couleur d'étain que les ecchymoses ultérieures de Gretchen, mais l'année suivante il débuta sous le signe de la chance. Mon père trouva un terrain de golf qui le satisfaisait et pour la première fois de ma vie il me parut content. Détendu, il buvait un gin tonic sur la terrasse, entouré de sa femme et de ses enfants couleur de tartine grillée, et il avoua que ce n'était pas si mal. « Je me disais justement, terminé les maisons de location. Et si on laissait tomber les intermédiaires pour s'acheter quelque chose ? »

Il parlait du même ton que lorsqu'il promettait d'acheter des glaces. « Qui a envie d'une petite douceur ? » demandait-il, et nous nous entassions dans la voiture, nous passions le Tasty Freeze et nous nous arrêtions devant l'épicerie, où il achetait un carton de crème glacée couleur de pus, en promotion pour accélérer la vente. L'expérience nous avait appris à ne pas nous fier à lui, mais nous avions tellement envie d'une maison de plage qu'il était impossible de ne pas céder à l'excitation. Même notre mère se laissa prendre.

« Tu parles sérieusement ? demanda-t-elle.

— Absolument », répondit-il.

Le lendemain, ils prirent rendez-vous avec un agent immobilier de Morehead City. « Nous allons juste discuter de notre projet, expliqua ma mère. Ce n'est qu'un rendez-vous, rien de plus. » Nous voulions les accompagner, mais ils n'emmenèrent que Paul, qui avait deux ans et qu'il valait mieux ne pas laisser sous notre garde. Le rendez-vous matinal entraîna une demi-douzaine de visites, et, à leur retour, ma mère demeura si impassible qu'elle semblait presque frappée de paralysie. « Ça-s'est-bien-passé, dit-elle. L'agent-immobilier-était-très-sympathique. » Nous en déduisîmes qu'elle avait juré de garder un secret et que l'effort nécessaire entraînait chez elle une véritable souffrance physique.

« Ça va, dit notre père. Tu peux leur dire.

— Eh bien, nous avons visité une maison en particulier, commença-t-elle. Attention, pas de quoi s'exciter, mais...

— Mais elle est parfaite, dit mon père. Une vraie beauté, exactement comme votre mère. »

Il s'approcha par-derrière et lui pinça les fesses. Elle éclata de rire et lui donna un petit coup de serviette, et nous assistâmes à ce que plus tard nous apprendrions à reconnaître comme l'effet revitalisant de l'immobilier. C'est ce qui motive les couples fortunés quand leur vie sexuelle bat de l'aile et qu'ils sont trop hypocrites pour avoir une liaison. Une deuxième voiture est en mesure de rapprocher un couple une semaine ou deux, mais une résidence secondaire peut redonner vie à un mariage jusqu'à neuf mois après la date de réalisation.

« Oh, Lou, dit ma mère, qu'est-ce que je vais bien pouvoir faire de toi ?

— Ce que tu veux, chérie, dit-il. Ce que tu veux. »

C'était bizarre d'entendre quelqu'un répéter deux fois la même phrase, mais nous étions prêts à passer au-dessus de ça en échange d'une maison de plage. Ce soir-là, ma mère était trop nerveuse pour faire la cuisine, si bien que nous sommes allés au Sanitary

Fish Market, un restaurant de poissons de Morehead City. Comme nous nous installions à table, je m'attendais à entendre mon père évoquer la mauvaise qualité de l'isolation, ou les tuyauteries rouillées, au lieu de quoi il n'aborda que des éléments positifs. « Je ne vois pas pourquoi nous n'irions pas passer les fêtes de Thanksgiving là-bas. Et même, nous pourrions y aller à Noël. Accrocher quelques lumières, mettre des guirlandes, qu'est-ce que vous en dites ? »

Une serveuse passa devant la table et, sans dire s'il vous plaît, je demandai un autre Coca. Elle alla le chercher et je me radossai à ma chaise, ivre du pouvoir conféré par une résidence secondaire. A la rentrée, mes camarades de classe me feraient la cour dans l'espoir que je les inviterais à y passer le week-end, et je m'amuserais à les dresser les uns contre les autres. C'est ainsi qu'on agissait quand on vous aimait pour les mauvaises raisons, et je deviendrais un expert.

« Qu'en penses-tu, David ? demanda mon père ; je n'avais pas entendu la question, mais je répondis que ça me semblait une bonne idée.

— Ça me plaît bien, dis-je. Ça me plaît bien.

Le lendemain après-midi nos parents nous emmenèrent voir la maison. « Attention, dit ma mère, n'allez pas croire au Père Noël ! » Mais c'était déjà trop tard. Il fallait un quart d'heure de voiture pour traverser l'île d'un bout à l'autre, et en chemin nous proposâmes des noms pour ce que nous considérions déjà comme notre maison. J'y avais très longuement réfléchi auparavant, mais j'attendis quelques minutes avant d'avancer mon idée.

« Prêts ? dis-je. Notre panneau aura la silhouette d'un éclair. »

Nul ne pipa mot.

« Vous pigez ? dis-je. La forme d'un éclair. Notre maison s'appellera Du Tonnerre.

— Mais il faudra écrire ça sur le panneau, dit mon père. Sinon, personne ne comprendra.

— Si on l'écrit, ça détruit le jeu de mots.

— Et La Nef des Fous ? dit Amy.

— Hé ! fit mon père. En voilà une bonne idée ! »

Il riait, sans se rendre compte, sans doute, qu'il existait déjà une Nef des Fous. Nous étions passés devant un millier de fois.

« Et quelque chose avec le mot *bécasseau* dedans ? dit ma mère. Tout le monde aime les bécasseaux, non ? »

En temps ordinaire je les aurais détestés parce qu'ils ne jugeaient pas que mon idée était la meilleure, mais c'était vraiment une occasion spéciale et je n'avais pas envie de la gâcher en boudant. Chacun de nous voulait être celui qui aurait trouvé le nom, et l'inspiration pouvait se tapir n'importe où. Quand nous eûmes épuisé toutes les idées inspirées par l'intérieur de la voiture, nous regardâmes au-dehors pour chercher dans le paysage qui défilait.

Deux filles maigrichonnes se préparaient à traverser la route, sautant d'un pied sur l'autre sur le trottoir brûlant. « Le Talon dans le Goudron, lança Lisa. Non, L'Abri Côtier. Tu piges ? C-O-T-I-E-R. »

Une voiture tirant un bateau à moteur en remorque s'arrêta à une pompe à essence. « La Station Shell ! » cria Gretchen.

Tout ce qui nous tombait sous les yeux évoquait un nom possible et la liste subséquente des nominations nous confirma une fois de plus que dès qu'on s'éloignait du rivage, Emerald Island manquait cruellement de beauté naturelle. « L'Antenne de TV », dit ma sœur Tiffany. « Le Poteau Télégraphique ! » « Le

Noir Edenté qui Vend Des Crevettes à l'Arrière de Sa Camionnette. »

« La Bétonnière. » « L'Etal d'Epicerie Renversé. » « Les Mouettes sur la Poubelle. » Ma mère inspira « Le Mégot Jeté par la Fenêtre » et nous suggéra de chercher des idées sur la plage plutôt que sur la route. « C'est vrai, bon Dieu, ce que vous pouvez être déprimants ! » Elle jouait à être en colère, mais on voyait bien qu'elle s'amusait vraiment. « Trouvez quelque chose qui nous ressemble, dit-elle. Trouvez quelque chose qui restera. »

Pour finir, ce qui resterait, ce serait ces quinze minutes passées sur la route côtière, mais nous ne le savions pas encore. Avec les années, même le plus grincheux d'entre nous admettrait qu'elles étaient la preuve que nous avions jadis été une famille heureuse : notre mère était jeune et en bonne santé, notre père l'homme qui claquait des doigts et nous donnait tout ce que nous demandions, et nous tous rivalisions pour donner un nom à la chance qui nous souriait.

Notre maison était, comme nos parents l'avaient promis, parfaite. Il s'agissait d'une maison ancienne aux murs lambrissés de pin qui donnaient à chaque pièce l'aspect méditatif d'un repaire. Des rais de lumière tombaient des persiennes, et les meubles, qui étaient inclus dans la vente, reflétaient le goût d'un capitaine de marine distingué. Une fois que nous aurions choisi nos chambres et veillé toute la nuit pour, mentalement, changer la disposition des meubles, notre père nous dirait : « Une minute, elle n'est pas *encore* à nous ! » L'après-midi suivant, il avait décidé que le terrain de golf n'était pas si bien que ça. Après quoi il plut deux jours de suite et il annonça qu'il serait plus sage d'acheter un terrain, d'attendre quelques années, et de faire construire une maison à nous. « C'est vrai, soyons pratiques. » Notre mère mit son imperméable. Elle noua un sac en plastique sur sa tête et alla se poster au bord de l'eau. Pour la première fois de notre vie, nous savions exactement à quoi elle pensait.

Le dernier jour des vacances, notre père avait décidé qu'au lieu de faire construire une maison à Emerald Island, nous devrions plutôt embellir celle que nous possédions déjà. « Peut-être mettre une piscine, dit-il. Qu'est-ce que vous en pensez, les enfants ? » Personne ne répondit.

Quand il eut fini de démolir le rêve, la maison de plage était devenue un bar au sous-sol. Il ressemblait exactement à un vrai bar, avec des tabourets hauts et des niches pour le vin. Il y avait un évier pour rincer les verres et un assortiment de serviettes décorées avec des dessins humoristiques sur les bons côtés de l'alcoolisme. Pendant une semaine ou deux, mes sœurs et moi jouâmes les ivrognes en chancelant devant le comptoir, et puis la nouveauté se dissipa et nous cessâmes d'y penser.

Lors de vacances ultérieures, avec ou sans nos parents, il nous arriverait de passer devant la maison que nous avions un jour considérée comme la nôtre. Chacun de nous lui donnait un nom différent et, avec le temps, des précisions devinrent nécessaires. (« Tu sais bien, *notre* maison. ») L'été suivant celui où nous ne l'avions pas achetée, les nouveaux propriétaires – ou « ces gens » comme nous aimions les appeler – repeignirent Du Tonnerre en jaune. A la fin des années soixante-dix, Amy remarqua que La Nef des Fous avait agrandi le garage et recouvert l'allée de pavés. Lisa fut soulagée quand L'Abri Côtier retrouva sa couleur d'origine et Tiffany fut révulsée quand Le Noir Edenté qui Vend des Crevettes à l'Arrière de Sa

Camionnette arbora un panneau soutenant Jesse Helms dans sa campagne sénatoriale de 1984. Quatre ans plus tard ma mère appela pour dire que Le Bécasseau avait été endommagé par l'ouragan Hugo. « Elle est toujours debout, dit-elle. Mais tout juste. » Peu de temps après, au dire de Gretchen, la Station Shell fut démolie et vendue comme terrain constructible.

Je sais que ce genre d'histoire n'est pas vraiment destiné à inspirer la sympathie. (« Ma maison – enfin, *une* de mes maisons – est tombée à l'eau. ») Nous n'avions pas le droit de pleurer sur notre sort, nous n'avions pas même subi le moindre tort, mais cela ne nous empêchait pas de nous plaindre.

Dans les années qui suivirent, notre père continuerait à faire des promesses qu'il ne pourrait pas tenir, et au fur et à mesure nous en vînmes à voir en lui un comédien auditionnant pour le rôle d'un généreux millionnaire. Il n'obtiendrait jamais le rôle mais il aimait la manière dont les mots se formaient dans sa bouche. « Que diriez-vous d'une nouvelle voiture ? » demandait-il. « Qui a envie de faire une croisière dans les îles grecques ? » En réponse, il espérait nous voir incarner le rôle de la famille enthousiaste, mais nous n'avions aucune envie de rejouer la comédie. Comme emportée par la marée, notre mère s'éloigna de plus en plus, d'abord dans un lit jumeau, puis au bout du couloir, dans une chambre décorée de marines et de paniers de galets décolorés par le soleil. Comme nous aurions aimé avoir une maison à la mer, mais nous avions déjà une maison. Une maison avec un bar. Et puis, si le rêve s'était réalisé, vous n'auriez pas partagé notre joie. Nous ne sommes pas de ces gens-là.

Partie carrée

Mes parents n'étaient pas de ceux qui allaient se coucher à heure fixe. Le sommeil s'emparait d'eux, mais ni l'heure ni l'idée d'un matelas ne comptaient beaucoup. Mon père avait une prédilection pour un fauteuil au sous-sol, mais ma mère pouvait s'étendre n'importe où. Elle se réveillait la joue irritée par la moquette ou le motif du canapé gravé dans la chair tendre de son bras. C'était un peu gênant. Elle dormait peut-être huit heures par jour, mais jamais d'affilée et jamais dans une tenue spécifique. Pour Noël, nous lui offrions des chemises de nuit, dans l'espoir qu'elle recevrait le message. « C'est pour dormir », lui disions-nous. Et elle nous regardait bizarrement, comme si, non moins que l'heure de la mort, le moment de dormir était trop imprévisible pour exiger une véritable préparation.

Ce qu'il y avait de bien dans le fait d'être élevés par un couple de chats domestiques humains, c'est que l'heure du coucher ne nous était pas imposée. A deux heures du matin, un jour d'école, ma mère ne disait pas : « Va te coucher », mais plutôt : « Tu n'es pas fatigué ? » Ce n'était pas un contrôle mais une question sincère dont la réponse n'entraînait rien de plus qu'un haussement d'épaules. « Comme tu voudras, disait-elle en se versant ce qui devait être sa trentième ou quarante-deuxième tasse de café. J'ai pas sommeil non plus. Je sais pas pourquoi, mais j'ai pas sommeil. »

Nous étions la famille qui ne fermait jamais les volets, la famille dont la télévision chauffait tellement qu'il nous fallait un gant isolant pour changer de chaîne. Chacune de nos soirées se résumait en gros à une nuit blanche, si bien que lorsqu'une vraie nuit blanche nous était proposée, mes sœurs et moi ne montrions pas le moindre signe d'enthousiasme.

« Mais nous avons le droit de veiller aussi tard que nous voulons, disaient les hôtes.

— Et... ? »

Ma première nuit blanche eut lieu à l'invitation d'un voisin appelé Walt Winters. Comme moi, Walt Winters était en CM1. A la différence de moi, il était très sociable et athlétique, autant dire, pour résumer, que nous n'avions absolument rien en commun. « Mais pourquoi il m'invite *moi* ? demandai-je à ma mère. Je le connais à peine. »

Elle ne me dit pas que la mère de Walt l'avait obligé à m'inviter, mais je savais que c'était la seule explication plausible. « Oh, vas-y, dit-elle. Tu vas t'amuser. »

Je fis de mon mieux pour y échapper, mais quand mon père eut vent de l'affaire, la question fut réglée. Il voyait souvent Walt dans la rue en train de jouer au football et reconnaissait chez ce garçon une version de lui-même en plus jeune. « Il n'est peut-être pas le meilleur joueur du monde, mais ses amis et lui, c'est un bon groupe.

— D'accord, dis-je. Alors c'est toi qui iras dormir avec eux. »

Je ne pouvais pas raconter à mon père que les garçons me rendaient timide alors j'inventai diverses raisons pour ne pas les aimer. Mon espoir était de montrer que j'avais du discernement plutôt que de laisser voir que j'avais peur, au lieu de quoi je donnais l'impression d'être coincé.

« Tu veux que j'aille dormir chez quelqu'un qui jure ? Quelqu'un qui lance des *cailloux sur les chats* ?

— Parfaitement, dit mon père. Maintenant, magnetoi le cul. »

En dehors de moi, il y avait trois autres invités à la nuit blanche de Walt. Aucun d'entre eux n'était particulièrement populaire – ils n'étaient pas assez beaux pour ça – mais chacun savait se défendre sur un terrain de sport ou quand on parlait voitures. La conversation commença dès que je franchis le seuil et, tout en faisant semblant d'écouter, je me reprochai de ne pas être plus honnête. « Mais quel est l'intérêt du football ? avais-je envie de demander. Un moteur V-8 est-il un moteur à essence ? » J'aurais eu l'air d'un étudiant étranger dans une famille d'accueil, mais les réponses m'auraient fourni une sorte d'assise. Là, ils auraient pu tout aussi bien parler en verlan.

Dans notre rue, il n'y avait que quatre styles de maison, et si celle de Walt était différente de la mienne, j'en connaissais bien le plan. La soirée se déroulait dans ce que les méthodistes appelaient la pièce commune, que les catholiques utilisaient comme chambre d'amis et qui, chez les seuls Juifs du quartier, tenait lieu à la fois de chambre noire et d'abri antiatomique. La famille de Walt était méthodiste et l'élément important dans la pièce était donc la grande télévision noir et blanc. Des photos de famille étaient accrochées au mur en compagnie de portraits de nombreux athlètes auxquels Mr Winters avait réussi à extorquer des autographes. J'exprimai mon admiration du mieux que je pus, mais je m'intéressai davantage à la photo de mariage exposée au-dessus du canapé. Au bras de son mari en uniforme, la mère de Walt semblait éprouver un bonheur dément, presque terrifiant. Les yeux sauvages et exorbités, le sourire tout en gencives : c'était une expression frisant l'hystérie et les années écoulées n'avaient rien fait pour l'atténuer.

— A quoi est-ce qu'elle carbure ? » chuchotait ma mère à chaque fois que nous passions devant Mrs Winters qui, dans son jardin, nous saluait joyeusement.

Je la trouvais trop dure avec elle, mais au bout de dix minutes chez cette femme je compris exactement ce que ma mère voulait dire.

« La pi-zza !!! chanta-t-elle lorsque le livreur apparut à la porte. Qu'est-ce que vous en dites, les garçons, une bonne pizza bien brûlante !!! »

Je trouvai drôle qu'on puisse employer l'expression *bien brûlante*, mais j'avais l'impression que ce n'était pas le genre de chose dont je pouvais rire. Je ne pouvais pas rire non plus de sa pitoyable parodie de serveur italien. « Mamma mia ! Qui veut oune autrré trranché di pizza ? »

A mon sens, au cours d'une nuit blanche, les adultes étaient censés se faire discrets, mais les parents de Walt ne nous lâchaient pas : ils lançaient des jeux, ils offraient sans cesse des choses à grignoter et à boire. Lorsque ce fut le moment du film d'horreur de minuit, la mère de Walt se glissa dans la salle de bains et laissa près du lavabo un couteau arrosé de ketchup. Une heure s'écoula et, comme aucun d'entre nous ne l'avait encore trouvé, elle laissa échapper quelques sous-entendus. « Est-ce qu'il y en a un qui veut se laver les mains ? demanda-t-elle. Est-ce que celui qui est près de la porte peut aller voir si j'ai mis des serviettes propres dans la salle de bains ? »

On avait pitié des gens comme elle.

Ils avaient beau être ringards, je regrettai de voir Mr et Mrs Winters se lever et partir à la fin du film. Il n'était que deux heures du matin, mais ils étaient visiblement épuisés. « Je ne sais vraiment pas comment vous faites, dit la mère de Walt en bâillant dans la manche de son peignoir de bain. Je n'ai pas veillé aussi tard depuis la naissance de Lauren. » Lauren était la sœur de Walt, elle était née prématurément et avait vécu moins de deux jours. C'était arrivé avant l'installation des Winters dans notre rue, mais ce n'était pas un secret et on n'était pas supposé tressaillir en entendant prononcer le nom de la petite fille. Le bébé était mort trop tôt pour qu'on pût le prendre en photo, ce qui ne l'empêchait pas de compter comme un membre à part entière de la famille. Il y avait pour elle un chausson de Noël de la taille d'une mouffle et ils fêtaient même son anniversaire, ce que ma mère jugeait particulièrement morbide. « Pourvu qu'on ne soit pas invités, dit-elle. C'est vrai, mon Dieu, qu'est-ce qu'on achète à un bébé mort ? »

Je me disais que c'était la crainte d'une autre naissance prématurée qui avait découragé Mrs Winters d'essayer à nouveau, et c'était triste, car on sentait qu'elle désirait vraiment un foyer plein de vie. On sentait qu'elle avait son *idée* de ce qu'était un foyer plein de vie et que la nuit blanche et le couteau couvert de ketchup s'y rapportaient. Tant qu'elle était restée parmi nous, nous avions joué le jeu, mais dès qu'elle nous eut souhaité bonne nuit, je compris que rien n'allait plus.

Elle et son mari grimpèrent l'escalier et quand Walt eut la certitude qu'ils dormaient, il se jeta sur Dale Gummerson en hurlant « Tétons tordus !!! ».

Brad Clancy lui prêta main forte et, quand ils en eurent terminé, Dale souleva sa chemise, révélant des mamelons aussi froncés et rouges que les tranches de chorizo qui gisaient dans le carton à pizza abandonné.

« Oh, mon Dieu ! » m'écriai-je, comprenant trop tard que je m'étais exprimé comme une fille.

La bonne réaction eût été de rire du malheur de Dale, pas de porter les mains à sa bouche en criant : « Qu'est-ce qu'ils ont fait à tes pauvres mamelons ! Est-ce qu'on ne devrait pas mettre de la glace ? »

Walt embraya immédiatement là-dessus.

« Tu viens de dire que tu voulais mettre de la glace sur les mamelons de Dale ?

— Pas moi... personnellement, répondis-je. Je voulais dire, tu sais bien, en général. Nous tous. Ou Dale peut le faire lui-même s'il en a envie. »

Les yeux de Walt quittèrent mon visage pour se poser sur mon torse et brusquement tout le monde se rua sur moi. Dale n'avait pas encore retrouvé le plein usage de ses bras, et il s'assit sur mes jambes pendant que Brad et Scott Marlboro me plaquaient au sol. On me souleva ma chemise, une main me bâillonna la bouche et Walt s'empara de mes mamelons en les tordant dans un sens, puis dans l'autre, comme une paire d'interrupteurs particulièrement récalcitrants. « Alors, qui a besoin de glace *maintenant* ? dit-il. Et *maintenant*, qui se prend pour une foutue infirmière ? » J'avais éprouvé un peu de pitié pour Walt, mais à présent, les yeux larmoyants à cause de la douleur, je comprenais que la petite Lauren avait eu raison de se casser au plus vite.

Lorsque enfin on me relâcha, je montai me poster à la fenêtre de la cuisine, les bras légèrement croisés contre mon torse. La maison de mes parents se trouvait dans le creux d'un vallon. On ne la voyait pas de la rue, mais je distinguais néanmoins la lueur des lampes qui éclairaient le haut de l'allée. C'était tentant, mais si je partais maintenant, je n'en verrais pas la fin. *Le bébé a pleuré. Le bébé a voulu rentrer à la maison.* A l'école la vie deviendrait infernale ; je quittai donc la fenêtre et regagnai le sous-sol où Walt était en train de battre des cartes sur la table basse. « Juste à temps, dit-il. Assieds-toi. »

Je m'installai par terre et pris un magazine, en m'efforçant d'avoir l'air détendu. « J'aime pas trop jouer aux cartes, alors si ça vous va, je vais juste regarder.

— Regardez mon cul, dit Walt. On fait un strip poker. Quel genre de pédé a envie de regarder quatre mecs se foutre à poil ? »

Je ne comprenais pas la logique qu'il y avait là-dedans.

« Mais on sera tous en train de regarder, non ?

— De regarder peut-être, mais pas de *mater*, dit Walt. Il y a une grosse différence. »

Je demandai quelle était la différence mais personne ne répondit. Là-dessus Walt fit avec les doigts le geste de tordre quelque chose et je pris ma place à la table, priant le Ciel pour qu'il y ait une fuite de gaz ou un court-circuit – n'importe quoi qui pût me sauver du désastre du strip poker. Pour tous les autres, un garçon nu, c'était comme une lampe ou un tapis de bain, une chose si familière et si banale qu'elle se fondait dans le décor, mais pour moi c'était différent. Un garçon nu, c'est ce que je désirais le plus au monde, et quand on regardait et qu'on désirait tout à la fois, certaines choses prenaient de la hauteur, une chose en particulier qui ne manquerait pas de se faire remarquer et de vous gâcher la vie définitivement.

« Je suis désolé de vous le dire, mais ma religion m'interdit de jouer aux cartes.

— C'est ça, dit Walt. T'es quoi, baptiste ?

— Grec orthodoxe.

— Eh bien, tout ça c'est des foutaises, parce que ce sont les Grecs qui ont inventé les cartes.

— En fait, je crois que c'étaient les Egyptiens. »

C'était Scott, toujours prompt à endosser le rôle de l'intellectuel.

« Grecs, Egyptiens, ils sont tous pareils, dit Walt. De toute façon, ce que ton grand pope ne sait pas ne lui fera pas de mal, alors tu la boucles et tu joues. »

Il distribua les cartes et je scrutai un visage après l'autre, exagérant leurs défauts et me répétant que ces garçons ne m'aimaient pas. Mon espoir était de pouvoir réduire à néant jusqu'au dernier atome de séduction, mais, comme j'allais le découvrir tout au long de ma vie, moins quelqu'un m'aime, plus il devient séduisant. La solution consistait à gagner du temps, à discuter chaque jeu, jusqu'au lever du soleil et au moment où Mrs Winters viendrait me sauver la vie avec la joyeuse horreur qu'elle aurait concoctée pour le petit déjeuner.

En prévision de l'infime possibilité où l'atermoiement ne prendrait *pas*, j'allai dans la salle de bains m'assurer que je portais des sous-vêtements propres. Une érection serait une horreur inconcevable, mais une érection combinée à des traces de pneus signifierait qu'il ne me resterait plus qu'à prendre le couteau arrosé de ketchup et me tuer avant qu'il ne soit trop tard.

« Tu fais quoi là-dedans, tu lances un sous-marin ? cria Walt. Viens, on attend. »

En temps ordinaire, quand je me trouvais confronté à une compétition, ma stratégie consistait à abandonner purement et simplement. Essayer d'une façon ou d'une autre revenait à manifester son ambition, et par conséquent à vous rendre plus vulnérable. Celui qui voulait gagner et qui échouait était un perdant, tandis que celui qui s'en fichait était juste un drôle de zèbre, titre avec lequel j'avais appris à exister. Mais, cette fois, la capitulation n'était pas au programme. Il me fallait gagner à un jeu auquel je ne connaissais rien et je perdais tout espoir lorsqu'il me vint à l'esprit que nous étions tous sur le même pied d'égalité. Scott lui même ne savait pas ce qu'il faisait et, en me donnant de faux airs d'expert, je me surpris à faire bouger les choses en ma faveur.

« Un joker et une reine valent plus que le quatre et le cinq de pique, dis-je, défendant mon jeu contre celui de Brad Clancy.

— Mais tu as un joker et un trois de carreau.

— Oui, mais avec le joker, ça devient une reine.

— Je croyais que ta religion t'interdisait de jouer au poker, dit Walt.

— Ça ne veut pas dire que je n'y connais rien. Les Grecs ont *inventé* les cartes, n'oublie pas. J'ai ça dans le sang. »

Au début du jeu, la pendule en forme d'étoile indiquait trois heures et demie. Une heure plus tard, il me manquait une chaussure, Scott et Brad avaient perdu leur chemise, et Walt et Dale étaient en sous-vêtements. Si c'était là la saveur de la victoire, je me demandai pourquoi je n'y avais pas goûté plus tôt. Mis en confiance par mon avance, je trouvai divers prétextes pour que les déshabillés se lèvent et fassent quelques pas.

« Hé, Walt, t'as entendu ? On dirait des pas dans la cuisine.

— J'entends rien.

— Tu voudrais pas monter voir ? Faudrait pas qu'on ait des surprises. »

Son caleçon était tout plissé sur le haut et pendait comme une couche, mais ses jambes étaient musclées et plaisantes à regarder.

« Dale, tu veux pas vérifier si les rideaux sont bien tirés ? »

Il traversa la pièce et du regard je le dévorai tout cru, sûr que nul ne m'accuserait de mater. Les choses eussent été différentes si j'avais été en position de perdant, mais puisque je gagnais, j'avais le droit de veiller à ce que les choses se passent comme il se devait.

« Il y a une ouverture au niveau de la plinthe. Baisse-toi et bouche-la, veux-tu ? »

Il fallut un moment, mais quand j'eus fini d'expliquer que deux rois ne valaient rien au regard d'un deux de cœur et d'un trois de pique, Walt dut se défaire de son caleçon qu'il jeta sur un tas de vêtements à côté de la télévison.

« D'accord, dit-il. A vous de finir le jeu.

— Mais il est fini, dit Scott.

— Ah ! non, dit Walt, je ne suis pas le seul à me déshabiller. Vous continuez à jouer.

— Et tu fais quoi pendant ce temps – tu restes assis et tu *mates* ? dis-je. T'es un pédé ou quoi ?

— Ouais, fit Dale. Pourquoi on fait pas autre chose ? Ce jeu est chiant et les règles sont impossibles. »

Les autres acquiescèrent en marmonnant et comme Walt refusait de s'avouer vaincu, je rassemblai les cartes et, d'autorité, les posai en tas sur la table.

« La seule solution, c'est que *tout le monde* continue à jouer.

— Comment veux-tu que je fasse ça ? dit Walt. Au cas où tu n'aurais pas remarqué, je n'ai plus rien à perdre.

— Oh, il y a toujours autre chose. Si celui qui a le plus mauvais jeu est déjà nu, on pourrait peut-être lui demander un gage. Rien d'extraordinaire, tu vois, un truc symbolique.

— Un truc comme quoi ? demanda Walt.

— Je ne sais pas. Je crois qu'on trouvera le moment venu. »

Rétrospectivement, il me semble que je dépassai peut-être les bornes en demandant à Scott de s'asseoir sur mes genoux.

« Mais je suis nu ! s'écria-t-il.

— Hé, lui dis-je, c'est moi qui vais souffrir. Je cherchais quelque chose de facile. Tu préfères courir dehors et aller toucher la boîte aux lettres ? Le soleil va se lever dans environ vingt secondes – tu veux que tout le quartier te voie ?

— Combien de temps est-ce que je dois rester assis sur toi ? demanda-t-il.

— Je ne sais pas. Une minute ou deux. Peut-être cinq. Ou sept. »

J'allai m'installer sur le fauteuil relax et me tapotai le genou avec un air las, comme s'il s'agissait d'un immense sacrifice. Scott prit place et je contemplai notre reflet sur l'écran noir de la télévision. J'étais là, un garçon nu sur les genoux, et trois autres à mes ordres. C'était l'étoffe dont sont tissés les rêves, mais il me revint soudain à l'esprit qu'ils ne faisaient pas cela de leur plein gré. Ce n'était pas leur plaisir, mais leur punition, et quand ce serait fini, ils feraient en sorte de m'éviter. On prétendrait que j'avais versé quelque chose dans leurs Coca, que j'avais essayé d'embrasser Brad Clancy sur la bouche, que j'avais volé cinq dollars dans la poche de Walt. Même Mrs Winters ne me saluerait plus, mais tout cela viendrait plus tard, dans une autre vie. En attendant, j'allais savourer un pauvre simulacre de tendresse en explorant les épaules et le creux des reins de Scott qui tremblait sous ma main gagnante.

De l'observation des étoiles

Tous les soirs, avant d'aller se coucher, Hugh sort pour observer les étoiles. L'intérêt qu'il leur porte n'est pas scientifique – il ne situe pas les constellations, pas plus qu'il n'évoque Canopée sur le ton de la conversation ; non, il se contente de contempler la multitude qu'elles forment et s'interrompt pour soupirer de temps à autre. Quand on lui demande s'il y a une vie sur d'autres planètes, il répond : « Oui, bien sûr. Considérez les probabilités. »

Il serait sans doute injuste que nous disposions de l'univers entier pour nous tout seuls, mais à titre personnel je suis fortement perturbé à la pensée qu'il puisse exister une vie extraterrestre. S'il y a, en effet, des milliards d'autres civilisations, qu'en est-il alors de nos célébrités ? Si la valeur se mesure à l'aune glissante de la popularité, quel sens cela aurait-il pour nous de devenir brusquement obscurs ? Comment saurions-nous quelle est notre place ?

En essayant de répondre à ces interrogations, je repense à ce jour de Fête du Travail de 1968 au Country Club de Raleigh. J'étais au snack-bar et j'écoutais un groupe de collégiens de sixième d'un autre quartier de la ville discuter des changements importants qui allaient avoir lieu au cours de la prochaine année scolaire. Au dire de la fille qui s'appelait Janet, ni Pam Dobbins ni J. J. Jackson n'avaient été invités à la fête du 4 Juillet donnée par les jumeaux Duffy, lesquels avaient ensuite dit à Kath Matthews que Pam *et* J. J. ne seraient plus dans le coup à partir de la cinquième. « Totalement, complètement hors-circuit, dit Janet. Pouf ! »

Je ne connaissais aucune Pam Dobbins ni aucun J. J. Jackson, mais le ton révérencieux de Janet provoqua chez moi un choc mineur. Vous allez me juger naïf, mais il ne m'était tout simplement jamais venu à l'esprit que d'autres écoles eussent leurs propres cercles de célébrités. A l'âge de douze ans, je pensais que le groupe d'E.C. Brooks était, sinon connu à l'échelle nationale, du moins un phénomène en soi. Pour quelle autre raison nos existences graviteraient-elles autour de lui de façon si exclusive ? Moi-même je ne comptais pas parmi les membres du noyau populaire de l'école, mais je me rappelle avoir pensé que le noyau populaire de Janet, quel qu'il fût, ne pouvait rivaliser avec le nôtre. Et si je me trompais ? Si j'avais gâché ma vie entière à me comparer à des gens qui ne comptaient pas vraiment ? J'ai beau essayer, je ne parviens toujours pas à faire le tour de cette idée.

Leur bande s'était formée en CE2. Ann Carlsworth, Christie Kaymore, Deb Bevins, Mike Holliwell, Doug Middleton, Thad Pope : ils formaient le noyau du groupe populaire et, au cours des six années suivantes, mes camarades d'école et moi étudiâmes leurs vies de la même façon que nous étions supposés étudier les maths ou l'anglais. Le plus troublant, c'était qu'il n'y avait pas de recette. Etaient-ils drôles ? Non.

Intéressants ? Rasoirs. Aucun d'entre eux ne possédait de piscine ou de chevaux. Ils n'avaient aucun talent particulier et leurs résultats scolaires étaient passables. C'était cette absence d'excellence qui nous donnait, à nous autres, une lueur d'espoir et nous forçait à garder l'œil ouvert. De temps à autre, ils choisissaient un nouveau membre et l'attitude qui prévalait chez l'ensemble des élèves était : « Oh, prenez-moi ! » Peu importait ce que vous étiez en tant qu'individu. C'est le groupe qui vous *rendait* spécial. C'était ainsi que la magie fonctionnait.

Leur pouvoir était si absolu que je me sentis vraiment honoré le jour où l'un d'entre eux me lança une pierre sur la bouche. Il m'avait attaqué après l'école, et, rentré à la maison, je courus dans la chambre de ma sœur, en serrant mon Kleenex ensanglanté et en pleurant : « C'était Thad !!! »

Lisa était dans la classe supérieure, mais elle comprenait très bien l'enjeu. « Il a *dit* quelque chose ? demanda-t-elle. As-tu gardé la pierre ? »

Mon père exigea que je rende coup pour coup, disant que je devais le démolir.

« Oh ! papa.

— Quoi, "papa" ? Mets-lui une avoine dans la boîte à morve et il va s'écrouler comme une tonne de briques.

— C'est à *moi* que tu dis ça ? » demandai-je.

Mis à part l'argot archaïque, pour qui mon père me prenait-il ? Les garçons qui passaient le week-end à faire des muffins à la banane et aux noix n'étaient pas, en règle générale, des surdoués dans l'art du combat au corps à corps.

« Non mais franchement, papa, dit Lisa. Réveille-toi. »

Le lendemain après-midi, on m'emmena passer une radio chez le Dr Povlitch. La pierre avait abîmé une dent du bas et on se posa la question de savoir qui allait payer la dévitalisation. Je me disais que puisque mes parents m'avaient conçu, mis au monde et élevé comme un hôte permanent de leur foyer, c'était à eux de régler la facture, mais mon père ne l'entendait pas de cette oreille. Il décida que les Pope devaient payer et je hurlai tandis qu'il décrochait le téléphone :

« Mais tu ne vas tout de même pas... *appeler* chez Thad !

— Ah non ? dit-il. C'est ce qu'on va voir. »

Il y avait deux Thad Pope dans l'annuaire téléphonique de Raleigh, un Junior et un Senior. Celui qui était dans ma classe venait après un Junior. Il était un Troisième. Mon père appela le Junior et le Senior, en commençant la conversation par : « Lou Sedaris à l'appareil. Ecoutez, mon vieux, on a un problème avec votre fils. »

Il donnait notre nom de famille comme si celui-ci avait un sens particulier, comme si nous étions une famille connue et respectée. C'était d'autant plus pénible qu'on lui demandait de répéter. Puis d'épeler.

Un rendez-vous fut pris pour le lendemain soir et, avant de quitter la maison, je suppliai mon père de changer de vêtements. Il était occupé à agrandir l'abri du garage et portait un short kaki éclaboussé de peinture, et, çà et là, de gouttes de ciment séché. Par l'un des trous de son tee-shirt déchiré, sans même plisser les yeux, on pouvait voir son mamelon.

« Tu leur reproches quoi, à ceux-là ? demanda-t-il. On n'est pas invités à dîner, alors ça intéresse qui, comment je suis habillé ? »

J'appelai ma mère en hurlant, et pour finir, à titre de compromis, il changea de tee-shirt.

De l'extérieur, la maison de Thad n'était guère différente des autres – une simple maison à deux niveaux affublée de ce que mon père décrivit comme un garage totalement inadapté. Mr Pope vint ouvrir vêtu d'un pantalon de golf couleur sorbet et nous précéda au sous-sol dans ce qu'il appelait « la salle de jeux ».

« Oh ! dis-je, c'est joli ! »

La pièce était humide, dépourvue de fenêtres et éclairée par des suspensions Tiffany dont les éclats de verre coloré étaient disposés de façon à former les mots *Busch* et *Budweiser*. Les murs étaient recouverts de faux noyer et les meubles semblaient avoir été sculptés par des pionniers qui auraient cherché à reproduire des parties de leur chariot Conestoga bien-aimé et à en faire des fauteuils ou des tables basses. Ayant remarqué la raquette d'une association d'étudiants accrochée au mur au-dessus de la télévision, mon père se lança dans son mauvais grec, et dit : « *Kalispera sas, adelphos !* »

Comme Mr Pope le regardait sans comprendre, mon père éclata de rire et traduisit pour lui.

« J'ai dit " Bonsoir, mon frère ".

— Oh ! oui, dit Mr Pope. Ces associations sont grecques. »

Il nous indiqua un canapé et demanda si nous désirions boire quelque chose. Coca ? Bière ? Je ne voulais pas diminuer la précieuse réserve de Coca de Thad, mais sans me laisser le temps de refuser mon père dit : « Oui, un de chaque. » Les ordres furent lancés dans la cage d'escalier et, quelques minutes plus tard, Mrs Pope arriva, chargée de cannettes et de gobelets en plastique.

« Hé, *bonjour*, vous ! » dit mon père.

C'était sa façon habituelle de saluer une jolie femme, mais je devinai qu'il le faisait en manière de plaisanterie. Mrs Pope ne manquait pas de charme, mais elle était ordinaire, et tandis qu'elle plaçait les verres devant nous, je remarquai que son fils avait hérité de son nez court, légèrement retroussé, un trait joli chez lui mais qui donnait à sa mère un air très soupçonneux et critique.

« Alors, dit-elle, vous êtes allés chez le dentiste. »

Elle s'efforçait simplement d'alimenter la conversation mais, à cause de son nez, ses paroles s'entendaient comme une insulte, comme si je m'étais seulement fait soigner une carie et que je cherchais maintenant quelqu'un pour régler la facture.

« *Et comment*, qu'il est allé chez le dentiste ! dit mon père. Quelqu'un vous lance une pierre en pleine bouche et il me semble que le cabinet du dentiste est le premier endroit où une personne normale aurait l'idée d'aller. »

Mr Pope leva les mains.

« Bon, bon, dit-il. Essayons de calmer les choses. »

Il appela son fils par l'escalier et, n'obtenant pas de réponse, il décrocha le téléphone, ordonna à Thad de la fermer, de se remuer et de descendre dans la salle de jeux. Tout de suite.

Un bruit de pas précipités dans l'escalier couvert de moquette et Thad arriva en courant, tout sourires et plates excuses. Le ministre avait appelé. On avait établi de nouvelles règles du jeu.

« Bonjour, monsieur, vous êtes... ? »

Il regarda mon père dans les yeux et échangea avec lui une poignée de main franche, la faisant durer juste le temps nécessaire. Tandis que toutes les poignées de main marmonnaient, la sienne s'exprimait haut et clair, disant à la fois *Nous allons régler ça au plus vite* et *Je compte sur votre vote au mois de novembre.*

J'avais pensé que de le voir sans son groupe aurait pour effet de me désarçonner, comme de trouver un bras coupé sur le trottoir, mais Thad était tout à fait en mesure de fonctionner isolément. A le regarder faire, je compris que sa popularité n'était pas due au hasard.

A la différence d'un être humain normal, il était doué d'une troublante capacité à plaire. Il n'y avait ni veulerie ni aucune manœuvre destinées à assouplir la volonté des autres. Il semblait plutôt, tel un coffret de miniatures, proposer un peu de tout. Sans parler de ses qualités d'athlète, il vous offrait sa bonne éducation, son assurance, son enthousiasme enjoué. Ses parents eux-mêmes semblaient reprendre des forces en sa présence ; ils décroisèrent les jambes et se redressèrent un tout petit peu quand il prit place près d'eux. Dans d'autres circonstances, mon père l'aurait noyé sous des démonstrations d'affection, et serait probablement allé jusqu'à l'appeler fils – mais il y avait de l'argent en jeu, aussi resta-t-il inflexible.

« Très bien alors, dit Mr Pope. Puisque tout le monde est là, j'espère que nous allons éclaircir cette affaire. On s'est un peu bagarrés, mais j'ai bien l'impression que tout se résume à un petit malentendu entre amis. »

Je baissai les yeux, sûr que Thad allait corriger son père. « *Amis* ? Avec *lui* ? » J'attendais le rire ou le célèbre soupir d'agacement de Thad, mais il ne dit rien. Et avec ce silence, il gagna mon admiration éternelle. Un petit malentendu – c'était *exactement* ça... Comment ne l'avais-je pas compris plus tôt ?

Mon objectif immédiat était de sauver mon ami, et je déclarai donc que je m'étais en gros jeté dans la trajectoire de la pierre lancée à toute vitesse, lancée par Thad.

« Et pourquoi il jetait des pierres, d'abord ? demanda mon père. Et sur *quoi* il jetait des pierres putain ? »

Mr Pope fronça les sourcils, suggérant que cette façon de s'exprimer n'était pas bienvenue dans la salle de jeux.

« C'est vrai, bon sang de bonsoir, faut être complètement idiot. »

Thad jura qu'il ne visait rien en particulier et j'appuyai sa version des faits, disant que c'était juste le genre de choses que tout le monde faisait. « Comme au Vietnam, quoi. C'était un tir ami. »

Mon père demanda depuis quand je m'y connaissais en Vietnam, putain, et, une fois de plus, la mère de Thad tressaillit et dit que les garçons répétaient beaucoup de mots entendus à la télévision.

« Tu ne sais pas de quoi tu parles, déclara mon père.

— Ce que ma femme a voulu dire... fit Mr Pope.

— Foutaises ! »

Le trio des Pope échangea des regards entendus, réunissant ce qui se résumait à un rapide pow-wow télépathique. « Homme fou, disaient les signaux de fumée. Montagne gros ennuis pour les autres. »

Je regardai mon père, cet homme en short sale qui buvait sa bière à même la cannette sans la verser dans son gobelet et je me dis *Tu n'as rien à faire ici*. Plus exactement, je décidai qu'il était la raison pour laquelle *moi,* je n'avais rien à faire ici. Les expressions grecques bidon, les leçons sur la façon de faire son propre ciment, les palabres pour déterminer qui devait régler cette stupide note de dentiste – peu à peu, tout avait pénétré mon flux sanguin, me privant de ma capacité innée à plaire aux autres. Car aussi loin que je m'en souvenais, il nous avait répété que l'opinion des gens ne comptait pas : leur jugement était de la merde, une perte de temps, des conneries. Mais elle comptait, surtout quand ces gens étaient ces gens-*là*.

« Eh bien, dit Mr Pope, je constate que nous n'allons nulle part. »

Mon père éclata de rire.

« Ouais, vous avez tout pigé. »

A ces mots, on pouvait penser que les choses allaient en rester là, mais au lieu de se lever et de s'en aller, il se radossa au canapé et posa sa bière sur son ventre.

« Personne ne va nulle part. »

A ce moment-là, je suis pratiquement sûr que Thad et moi imaginions le même scénario sordide. Pendant que la Terre continuerait à tourner, mon père, toujours plus sale et plus barbu, continuerait à occuper le canapé de la salle de jeux. Noël viendrait, des amis seraient invités et, d'un ton aigre, les Pope leur proposeraient les fauteuils. « Faites comme s'il n'était pas là, diraient-ils. Il finira bien par rentrer chez lui. »

A la fin, ils acceptèrent de payer la moitié de la dévitalisation, non pas parce qu'ils pensaient que c'était juste mais parce qu'ils voulaient être débarrassés de nous.

Certaines amitiés se nouent autour d'intérêts et d'idées partagés : vous aimez tous les deux le judo, le camping ou faire vos saucisses vous-mêmes. D'autres amitiés se forgent dans le but de s'allier contre un ennemi commun. En quittant la maison de Thad, je décidai que la nôtre relèverait probablement de la seconde espèce. Nous commencerions par râler contre mon père et puis, petit à petit, nous passerions aux centaines d'autres choses et de gens qui nous tapaient sur les nerfs. Je l'imaginais en train de dire : « Tu détestes les olives. Moi aussi ! »

Il s'avéra que la seule chose que nous avions tous les deux en horreur, c'était moi. Ou plutôt, je m'avais en horreur. Thad ne pouvait même pas réunir assez d'enthousiasme pour ça. Le lendemain de la réunion, je m'approchai de lui à la cantine, où il était assis à sa table habituelle, entouré de ses amis habituels. « Ecoute, dis-je. Je suis sincèrement désolé pour ce truc avec mon père. » J'avais mis au point un long discours, que j'avais complété par des imitations, mais à peine avais-je terminé ma déclaration d'intention qu'il avait déjà repris sa conversation avec Doug Middleton. Notre parjure, la conduite de mon père, jusqu'au jet de pierre : je lui étais à ce point inférieur qu'il ne savait même pas de quoi il était question.

Pouf !

A E.C. Brooks, les célébrités brillèrent plus fortement encore et ce, jusqu'en troisième. Ensuite, en seconde, les choses commencèrent à changer. La politique de déségrégation entraîna un grand nombre d'élèves populaires à s'inscrire dans des établissements privés, et ceux qui restaient, absurdes et archaïques, faisaient figure de rois destitués d'un pays où le citoyen lambda avait cessé de les admirer.

Au début de notre année de première, Thad fut agressé par un groupe de nouveaux, des Noirs qui lui arrachèrent ses chaussures et les jetèrent dans les toilettes. Je savais que j'étais censé être content, mais une part de moi se sentait personnellement agressée. Certes, il avait été un prince négligent, mais je croyais toujours en la monarchie. Quand son nom fut appelé lors de la cérémonie de remise des diplômes, j'applaudis plus longtemps que tous les autres, plus longtemps même que ses parents, qui cessèrent poliment dès qu'il eut quitté la scène.

Je pensai beaucoup à Thad au cours des années suivantes, je me demandai dans quelle université il s'était inscrit et s'il était entré dans une association d'étudiants. L'ère du Roi du Campus était révolue, mais les salles bruyantes avec leurs tables de billard et leurs erzatz de mères servaient toujours de point de ralliement pour ces anciennes gloires maintenant considérées comme des violeurs et des alcooliques débutants. Je me dis que ses frères avaient lentement dérivé vers un âge adulte et amer, mais que Thad s'était trouvé parachuté dans la classe qui avait changé sa vie. Il est le Poète lauréat du Liechtenstein, le chirurgien qui soigne le cancer par l'amour, le professeur de troisième qui répète que le monde est assez vaste pour chacun. Quand je m'installe dans une autre ville, j'espère toujours découvrir qu'il habite dans l'appartement voisin. Nous nous rencontrerons sur le palier et il tendra la main en disant « Pardonnez-moi, mais est-ce que je ne vous... ne suis-je pas *censé* vous connaître ? ». Cet événement ne doit pas nécessairement se produire aujourd'hui, mais il *doit* se produire. Pour Thad, j'ai gardé un créneau libre et s'il ne vient pas, il me faudra pardonner à mon père.

La dévitalisation qui devait durer dix ans dure maintenant depuis trente ans, mais il n'y a pas de quoi être fier. La dent a progressivement terni et elle est devenue cassante ; elle présente aujourd'hui une teinte gris brunâtre que le catalogue Conrad appelle « kabuki ». Elle est toujours là, mais plus pour longtemps. Le docteur Povlitch avait installé son cabinet dans une ancienne maison en brique près du centre commercial Colony, mais mon dentiste actuel, le docteur Guig, a le sien près de la Madeleine, à Paris. Lors d'une récente visite, il a saisi ma dent morte entre ses doigts et l'a doucement secouée. Je n'aime pas abuser inutilement de sa patience, si bien que lorsqu'il m'a demandé ce qui était arrivé, il m'a fallu un moment pour trouver la réponse la plus claire et la plus plausible. Le passé était bien trop compliqué pour le traduire en français, et donc, imaginant un avenir radieux, j'ai attribué la dévitalisation à un petit malentendu entre amis.

Le fric, c'est chic

Ma mère avait une grand-tante qui habitait près de Cleveland et qui vint nous rendre visite une fois à Binghamton, dans l'Etat de New York. J'avais six ans, mais je revois clairement sa voiture remontant l'allée nouvellement pavée. C'était une Cadillac gris métallisé conduite par un chauffeur coiffé d'une casquette plate, le genre de celle que portaient les policiers. Il ouvrit la portière arrière avec une grande solennité, comme s'il s'agissait d'un carrosse, et nous aperçûmes les chaussures de la grand-tante, des chaussures orthopédiques mais en cuir raffiné et ouvragé, avec des talons courts en forme de bobine. Les chaussures furent suivies par l'ourlet d'un manteau de vison, le bout d'une canne et puis, pour finir, par la grand-tante en personne, qui était grande parce qu'elle était riche et n'avait pas d'enfant.

« Oh ! Tante Mildred », dit ma mère, et nous la regardâmes bizarrement. En privé, elle l'appelait « Tante Frique », un croisement de « fric » et de « bique » ; son vrai nom était donc une nouveauté pour nous.

« Sharon ! » dit Tante Frique.

Elle regarda notre père, puis nous.

« Je te présente mon mari, Lou, dit ma mère. Et voici nos enfants.

— Merveilleux. Tes enfants. »

Le chauffeur donna à mon père plusieurs sacs de shopping puis regagna la voiture tandis que nous entrions à l'intérieur de la maison.

« S'il veut aller aux toilettes, ou autre chose... chuchota ma mère. N'est-ce pas, il est tout à fait le bienvenu... »

Tante Frique sourit comme si ma mère avait demandé si la voiture avait envie d'entrer.

« Oh ! non, ma chère. Il reste dehors. »

Je ne crois pas que mon père lui fit faire le tour du propriétaire, comme c'était le cas avec la plupart des visiteurs. Il avait lui-même aménagé certaines parties de la maison et aimait décrire l'aspect qu'elles auraient eu sans son intervention. « Ce que j'ai fait, disait-il, c'est installer le barbecue dans la cuisine pour qu'il soit plus près du réfrigérateur. » Les invités le félicitaient pour son ingéniosité, après quoi il leur montrait le coin du petit déjeuner. Je n'étais pas entré dans beaucoup de maisons mais je comprenais que la nôtre était très jolie. La fenêtre du salon donnait sur le jardin de derrière et, au-delà, sur une forêt épaisse. L'hiver il venait des biches qui prudemment s'approchaient de la mangeoire des oiseaux et ignoraient les bouts de viande que mes sœurs et moi disposions pour le plaisir de leur palais. Même sans la neige, la vue était impressionnante, mais Tante Frique semblait ne pas la remarquer. La seule chose qui suscita chez elle un commentaire fut le canapé du salon, qui était doré et qui parut l'amuser.

« Grands dieux ! dit-elle à ma sœur âgée de quatre ans, Gretchen. C'est toi qui l'as choisi ? »

Son sourire était de courte durée, un sourire d'amateur, comme une expression qu'elle étudiait sans parvenir encore à la maîtriser. La bouche remontait aux commissures, mais les yeux ne suivaient pas. Au lieu de briller, ils demeuraient ternes et impassibles, comme de vieilles pièces de dix cents.

« Bon, bon, dit-elle. Voyons ce que nous avons là. »

Elle nous reçut, mes sœurs et moi, chacun à notre tour, et nous remit un présent, dépourvu d'emballage cadeau, tiré du sac de shopping extravagant posé à ses pieds. Le sac provenait d'un grand magasin de Cleveland, un magasin dont, pendant de nombreuses années, elle avait été propriétaire, du moins en partie. Il appartenait à son premier mari et, après sa mort, elle avait épousé un fabricant d'outillage qui avait fini par vendre son entreprise à Black et Decker. Lui aussi était décédé, et elle avait hérité de tout.

Mon cadeau était une marionnette. Pas le genre bon marché avec une tête en plastique, mais une marionnette en bois, avec une ficelle noire attachée à chacune de ses délicates articulations.

« C'est Pinocchio, dit Tante Frique. Il a le nez long parce qu'il dit des mensonges. Et *toi*, tu aimes faire ça de temps en temps, dire des petits mensonges ? »

Je m'apprêtai à répondre quand elle se tourna vers ma sœur Lisa.

« Et qui avons-nous là ? »

C'était comme de rendre visite au Père Noël, ou plutôt comme si c'était lui qui nous rendait visite. A chacun, elle donna un cadeau de grand prix, après quoi elle alla dans la salle de bains se repoudrer le nez. Avec la plupart des gens, il s'agissait là d'une façon de parler, mais à son retour, son visage était feutré, comme couvert de farine, et elle sentait fortement la rose. Ma mère l'invita à rester déjeuner, et Tante Frique expliqua que c'était impossible.

« C'est à cause de Hank, dit-elle, la longue route, je ne pourrais pas. »

Hank, devinions-nous, était le chauffeur, qui se précipita pour ouvrir la portière à l'instant où nous franchîmes le seuil de la maison. Notre grand-tante s'installa sur le siège arrière et couvrit ses genoux d'un plaid en fourrure.

« Vous pouvez fermer la portière », dit-elle.

Et nous restâmes debout dans l'allée, ma marionnette empêtrée lui faisant un signe d'adieu.

J'espérais que Tante Frique viendrait souvent, mais elle ne nous rendit plus jamais visite. Plusieurs fois par an, le plus souvent un dimanche après-midi, elle appelait à la maison et demandait à parler à ma mère. Toutes deux conversaient pendant environ un quart d'heure, mais leur entretien n'était jamais enjoué, comme lorsque ma tante ordinaire appelait. Au lieu de rire et d'entortiller ses cheveux autour des doigts de sa main libre, ma mère serrait une longueur de cordon comme si c'était un rouleau de pièces. « Tante Mildred ! disait-elle. Comme je suis contente de t'entendre ! » Si on se penchait pour écouter, elle se servait de son pied nu pour vous repousser. « Rien, j'étais assise et je regardais la mangeoire des oiseaux. Tu aimes les oiseaux, n'est-ce pas ?... Non ? Bon, pour être franche, moi non plus. Lou les trouve intéressants mais... exactement. Tu leur donnes la main, ils te prennent le bras. »

C'était comme de la voir nue.

Quand je suis allé camper en Grèce, c'est Tante Frique qui a payé mon billet. Il semble peu probable qu'elle ait appelé dans l'intention de demander de quelle manière elle pourrait égayer mon existence, j'en déduis donc que ma mère avait dû le lui dire, comme on le fait quand on espère que l'autre personne vous aidera. « Lisa y va mais, avec le prix que ça coûte, je crains que David soit obligé d'attendre quelques années. Tu quoi ? Oh, Tante Mildred, je ne peux pas accepter. »

Mais si, elle put.

On nous expliqua que tous les soirs, pour son dîner, Tante Frique mangeait une côtelette d'agneau. Tous les ans, elle achetait une Cadillac neuve. « Il faut le faire, non ? dit mon père. Elle roule peut-être trois mille kilomètres et elle court en acheter une autre. Et elle doit payer rubis sur l'ongle, telle que je la connais. » C'était pour lui la chose la plus folle, mais à nos yeux à nous c'était la définition même de la classe. C'était à cela que servait l'argent : à être libre d'acheter sans marchander des rabais ou des crédits à faible taux. Pour remplacer son break mon père avait mis des mois, au cours desquels il avait tyrannisé les vendeurs jusqu'à ce qu'ils soient prêts à tout pour se débarrasser de lui. Il exigea, et obtint, une assurance longue durée sur le réfrigérateur, ce qui, pour moi, revenait à dire qu'au cas où l'appareil fuirait en 2020, mon père sortirait de sa tombe pour venir l'échanger. L'argent, chez lui, signifiait un dollar puis un autre, s'accumulant lentement telles les gouttes d'eau d'un robinet. Pour Tante Frique c'était plutôt un océan. Elle en dépensait une vague et avant même qu'on lui ait remis un reçu, une autre venait déferler sur le rivage. Telle était la beauté des dividendes.

En échange de mon voyage en Grèce, ma mère voulut que j'écrive à sa tante une lettre de remerciement. Ce n'était pas beaucoup demander, mais j'avais beau essayer, je ne parvenais pas à aller au-delà de la première phrase. J'avais envie de convaincre Tante Frique que je valais mieux que le reste de ma famille, que je *comprenais* la Cadillac payée rubis sur l'ongle et le régime de côtelettes d'agneau, mais par quoi commencer ? Je pensai à ma mère, s'efforçant de rebondir sur les oiseaux. Au téléphone, on pouvait faire marche arrière et se tortiller pour aller dans le sens de l'opinion d'une autre personne, mais c'était beaucoup plus difficile avec une lettre, où les mots étaient gravés dans le roc.

~~« Chère Tante Mildred ».~~ « Ma très chère Tante Mildred ». J'écrivis que la Grèce était un pays génial, et puis j'effaçai, et puis je déclarai que la Grèce était pas mal. Je craignis que cette expression laisse entendre que j'étais ingrat et je recommençai tout. « La Grèce est un pays antique » me sembla convenir, jusqu'au moment où je me rendis compte que, à l'âge de quatre-vingt-six ans, elle n'était pas beaucoup plus jeune que le temple de Delphes. « La Grèce est un pays pauvre », écrivis-je. « La Grèce est un pays chaud. » « La Grèce est un pays intéressant, mais peut-être pas autant que la Suisse. » Au bout de dix essais, j'abandonnai. Après mon retour à Raleigh, ma mère prit un de mes souvenirs, un Discobole nu sculpté dans le sel, et l'envoya accompagné d'un mot qu'elle m'avait dicté sous la contrainte à la table de la cuisine. « Chère Tante Mildred. Merci beaucoup ! » Pas de quoi me faire passer pour un diamant brut, mais je me dis que j'enverrais une lettre digne de ce nom la semaine suivante. La semaine d'après, je reportai à nouveau à la semaine suivante, et ainsi de suite jusqu'à ce qu'il fût trop tard.

Quelques mois après mon voyage en Grèce, ma mère, sa sœur et leur cousin homosexuel allèrent rendre visite à Tante Frique chez elle, à Gates Mills. J'avais entendu parler de ce cousin, favorablement par ma mère, avec mépris par mon père qui aimait raconter l'histoire suivante : « Nous étions partis en groupe pour la Caroline du Sud. Il y avait moi, ta mère, Joyce et Dick, et ce cousin, ce Philip. Bon, alors nous allons nager dans l'océan et... (Arrivé là, il se mettait à rire.) Nous allons nager et à notre retour à l'hôtel Philip frappe à la porte et demande s'il peut emprunter, écoutez-bien, il demande s'il peut emprunter le *sèche-cheveux* de ta mère. » C'était tout. Fin de l'histoire. Il ne se l'était pas fourré dans le cul ou quelque chose dans ce goût-là, non, il s'en était juste servi de la manière la plus traditionnelle, il n'empêche que mon père trouvait ça incroyable. « Un sèche-cheveux, vous m'entendez ! Il faut le faire ! »

J'étais obsédé par Philip, qui dirigeait une bibliothèque universitaire quelque part dans le Middle West. « Il te ressemble beaucoup, disait ma mère. Grand lecteur. Adore les livres. » Je n'étais pas un grand lecteur mais j'étais parvenu à la convaincre du contraire. Quand elle me demandait ce que j'avais fichu tout l'après-midi, je ne répondais jamais : « Oh, je me suis masturbé », ou : « J'ai imaginé de quoi aurait l'air ma chambre si on la repeignait en violet. » Je répondais que j'avais lu et elle tombait dans le panneau à chaque fois. Elle ne demandait jamais le titre du livre, ne demandait jamais où je l'avais déniché, elle disait seulement : « Oh, c'est formidable. »

Comme ils habitaient dans la même région, Philip voyait beaucoup Tante Frique. Il leur arrivait d'aller ensemble en vacances, parfois tous les deux, parfois en compagnie de l'*ami* de Philip, mot que ma mère prononçait en italiques, pas de manière péjorative, mais avec un clin d'œil, suggérant que le terme n'avait pas qu'une seule connotation et que la seconde connotation était plus intéressante que la première.

« Ils ont une maison ravissante, disait ma mère. Elle se trouve au bord d'un lac et ils ont l'intention d'acheter un bateau.

— Voyez-vous *ça* ! disait mon père et il répétait

alors l'histoire du sèche-cheveux. Faut le faire ! Un homme, se servir d'un sèche-cheveux. »

Philip et Tante Frique partageaient le goût des jolies choses : les symphonies, l'opéra, les potages. Leur relation était de celles qui se nouent entre adultes sophistiqués qui n'ont pas d'enfant et qui peuvent finir une phrase sans être harcelés pour aller au Kwik Pik ou obtenir une avance sur l'argent de poche de l'année prochaine. En vouloir à ma mère parce qu'elle avait des enfants me plaçait dans une situation délicate et j'aurais voulu qu'elle n'en eût qu'un, moi, et que nous fussions des résidents des faubourgs de Cleveland. Nous avions besoin de gagner les faveurs de Tante Frique et de nous trouver là quand elle s'étendrait sur son lit de mort, ce qui, me semblait-il, pouvait se produire d'un jour à l'autre. Tante Joyce prenait l'avion pour se rendre dans l'Ohio trois fois par an et appelait ma mère pour lui communiquer les dernières nouvelles. Elle racontait que la marche était devenue difficile, que Hank avait installé un de ces appareils qui lentement hissaient un fauteuil dans l'escalier, que Mildred était devenue, « je crois que le mot le plus juste est *paranoïaque* », disait-elle.

Quand Tante Frique fut incapable de finir une côtelette d'agneau entière, ma mère se prépara à lui rendre visite personnellement. Je pensais qu'elle irait avec sa sœur ou avec Philip l'homosexuel, au lieu de quoi elle emmena ma sœur Lisa et moi. Nous partîmes pour un week-end de trois jours au milieu du mois d'octobre. Le chauffeur de Tante Frique vint nous chercher à la réception des bagages de l'aéroport et nous conduisit jusqu'à la Cadillac. « Oh, s'il vous plaît, dit ma mère tandis qu'il lui indiquait le siège arrière, je m'assois devant et je ne veux rien entendre. »

Hank fit mine d'ouvrir la portière mais elle le battit de vitesse. « Et laissez tomber aussi le "Madame

Sedaris". Je m'appelle Sharon, d'accord ? » C'était le genre de personne capable de parler à n'importe qui, non pas de la manière entendue et questionneuse qu'exigeait la situation, mais, généralement, de façon désinvolte. Si on l'avait envoyée interviewer Charles Manson, elle aurait pu revenir en disant : « Je n'aurais jamais imaginé qu'il aimait les bambous ! » C'était exaspérant.

Nous quittâmes l'aéroport et pénétrâmes dans un terrain vague. Il y avait des hommes debout sur des ponts rongés par la rouille, occupés à regarder des trains sales s'accoupler sur les voies au-dessous. Des cheminées d'usines crachaient des nuages noirs tandis que Hank expliquait sa méthode pour fumer le jambon. J'avais envie de savoir comment c'était de travailler pour Tante Frique, mais ma mère ne le laissa jamais s'engager dans cette direction. « Le jambon ! s'écria-t-elle. Là, nous parlons le même langage. »

Le paysage s'adoucit peu à peu et, lorsque nous parvînmes à Gates Mills, le monde était beau. Des arbres splendides aux troncs épais entouraient des maisons de pierre et de brique peinte. Un couple vêtu de vestes rouge vif se promenait à cheval en plein milieu de la route et Hank roula lentement pour ne pas effrayer leurs montures. C'était une banlieue, m'expliqua-t-il, et je pensai qu'il s'était trompé de mot. Banlieues signifiaient pour moi maisons en bois, rues baptisées du nom des femmes et des maîtresses du promoteur : Allée Laura, Carrefour Kimberly, Impasse Nancy Ann. Où étaient les bateaux et les caravanes, les boîtes aux lettres en forme de grotte, de chambre forte ou d'igloo ?

« Arrêtez-vous... *là*, chuchotai-je quand la voiture passa devant une version miniature du château de Windsor. Arrêtez-vous... *là*. » Ma crainte était que le chauffeur nous conduisît au-delà de l'ostentation pour nous débarquer dans un quartier semblable au nôtre. Hank continua et je commençai à craindre que Tante Frique fût à l'image de ces personnes riches écrasées de culpabilité dont on lisait parfois l'histoire : du genre qui donnaient leur sang et s'efforçaient de ne pas attirer trop l'attention sur elles. La conversation avait sauté des jambons aux saucisses et tâtait les eaux des barbecues lorsque la Cadillac tourna dans une allée qui conduisait à ce qui était indiscutablement la plus belle de toutes les maisons. C'était le genre de demeure qu'on voit en couverture de brochures universitaires : la Résidence du Doyen, le Hall des Anciens Elèves. Le lierre grimpait sur les murs de pierre et les vitres, de la taille de cartes à jouer, étincelaient au soleil. Même l'air exhalait un parfum de richesse, un parfum de feuilles en décomposition mêlé à celui que j'imaginai être de la myrrhe. Il n'y avait ni labyrinthe ni fontaine aux proportions d'un étang, mais la pelouse était bien entretenue et s'y élevait une seconde maison de plus petite taille que Hank appelait « la maison de gardien ». Il sortit nos bagages du coffre et, comme nous attendions, les cavaliers passèrent devant la maison, touchant le bord de leurs casquettes en velours pour nous saluer. « Tu entends ça ? » dit ma mère. Elle resserra son col étroitement autour de son cou. « Tu n'adores pas le bruit des sabots ? »

Nous l'adorions.

Une domestique nommée Dorothy vint nous accueillir et, comme si ma sœur était aveugle et incapable de remarquer seule toutes ces splendeurs, je me tournai et lui murmurai : « Elle est blanche. Et elle porte un *uniforme*. »

A Raleigh, les domestiques portaient des ensembles pantalons ou des vieilles blouses d'infirmière, mais là on ne rigolait pas : robe noire empesée bordée de blanc aux poignets et au col. Elle portait aussi un tablier et une coiffe peu flatteuse, posée sur sa tête comme un minuscule coussin.

Alors que les domestiques habituelles marmonnaient, Dorothy annonça : « Mrs Brown se repose. Mrs Brown va maintenant descendre. » Comme une poupée parlante, sa partie de la conversation semblait limitée à une poignée de phrases préenregistrées. « Oui, madame. » « Non, madame. » « Je demande qu'on amène la voiture devant la porte. » Pendant que nous attendions, on nous apporta des sandwichs au saumon fumé accompagnés de salade de pommes de terre. Je suggérai d'aller visiter un peu les lieux ou du moins de quitter la cuisine, mais mon idée ne suscita pas l'enthousiasme. « Mrs Brown se repose, dit Dorothy. Mrs Brown va maintenant descendre. » La soirée était déjà entamée lorsque Tante Frique appela à la cuisine et que nous fûmes autorisés à passer au grand salon.

« Tu te vois, faire le ménage *là-dedans* ! » dit ma mère et je frémis devant son manque de sophistication. Le véritable raffinement consistait à charger quelqu'un d'autre de l'entretien, de polir les tables basses et de curer les saletés entre les griffes des fauteuils à pieds en patte de lion. Cela dit, j'aurais détesté y faire le ménage. Un abat-jour ou deux, pourquoi pas, mais ce lieu ressemblait à ces salles de musée remplies d'antiquités et protégées par un cordon, où les meubles étaient rassemblés en petites cliques étroites, tels des invités à un cocktail. Les murs étaient tapissés de satin rayé et les rideaux retombaient du plafond jusqu'au sol, bordés de ce qui s'appelait, comme je l'appris plus tard, des passementeries. La chaise percée et la table à jeu pliante juraient un peu, mais nous fîmes comme si nous n'avions rien remarqué.

« Mrs Brown », annonça Dorothy, et nous nous laissâmes guider par le grincement des vitesses, nous regroupant devant le pilastre pour regarder descendre le fauteuil. La Tante Frique que j'avais connue dix ans auparavant était alors rachitique mais encore assez en chair pour laisser son empreinte dans le coussin du canapé. Celle qui, en vrombissant, approchait maintenant du pied de l'escalier semblait ne pas peser plus lourd qu'un chiot. Toujours vêtue avec élégance, elle s'était étiolée et sa tête dégarnie retombait entre ses épaules comme un vieil oignon. Ma mère se présenta et dès que le fauteuil eut atteint la terre ferme, Tante Frique la fixa du regard un moment.

« C'est Sharon, répéta ma mère. Et ce sont deux de mes enfants. Ma fille Lisa et mon fils David.

— Tes enfants ?

— Enfin, certains de mes enfants, dit ma mère. Les deux aînés.

— Et tu es ?

— Sharon.

— Sharon, c'est ça.

— Vous m'avez envoyé en Grèce il y a plusieurs années, dis-je. Vous vous souvenez ? Vous avez payé mon voyage et je vous ai envoyé plein de lettres.

— Oui, dit-elle. Des lettres.

— De très longues lettres.

— Très longues. »

La culpabilité que j'avais emmagasinée disparut brusquement, remplacée par la crainte qu'elle ait oublié de nous coucher dans son testament. Que se passait-il à l'intérieur de cette tête pâle ? « *Maman*, chuchotai-je. *Rappelle-lui bien qui nous sommes.* »

En réalité, Tante Frique avait l'esprit beaucoup plus vif qu'elle ne le laissait paraître. Les noms n'étaient pas son fort, mais elle était incroyablement perspicace, du moins en ce qui me concernait.

« Où est ce garçon ? demandait-elle à ma mère chaque fois que je quittais la pièce. Rappelle-le. Je n'aime pas les gens qui fouinent partout chez moi.

— Oh, je suis sûre qu'il ne fouine pas, répondait ma mère. Lisa, va chercher ton frère. »

Le deuxième mari de Tante Frique avait été chasseur de gros gibier et, à côté du grand salon, il avait aménagé une salle des trophées, une véritable arche d'animaux empaillés. Dans le coin des grands félins, il y avait des léopards des neiges, des tigres blancs, un lion et un couple de panthères saisies en plein bond. Devant la table basse, deux chamois se donnaient des coups de corne. Un carcajou traquait une biche derrière le canapé tandis que, près de l'armurerie, une ourse grizzly levait sa patte titanesque, protégeant l'ourson réfugié entre ses genoux. Il y avait les animaux et il y avait les objets qu'on en tirait : un tabouret en pied d'éléphant, des cendriers en sabot, une patte de girafe transformée en pied de lampe. *Tu te vois, faire le ménage là-dedans !*

La première fois que j'entrai dans cette pièce, Tante Frique prenait un bain. Je m'assis sur une méridienne en peau de zèbre en faisant l'expérience d'un double sentiment d'envie et de paranoïa : un millier d'yeux m'observaient et je désirais chacun d'eux. Forcé à choisir, j'aurais pris le gorille, mais, à en croire ma mère, la collection entière avait été léguée à un petit musée d'histoire naturelle quelque part au Canada. Je demandai ce que le Canada allait faire d'un élan de plus, mais elle se contenta de hausser les épaules et me déclara que j'étais morbide.

Quand on me chassait de la salle des trophées, j'allais dehors et la contemplais par les fenêtres. « Où est-il ? demandait Tante Frique. Qu'est-ce qu'il fait comme bêtises ? »

Un jour, en début de soirée, après avoir longuement regardé par les fenêtres de la salle des trophées, je déambulai dans les buissons et observai Mrs Brightleaf, l'infirmière à temps partiel, qui était occupée à disséquer la côtelette d'agneau de Tante Frique. Elles étaient toutes les deux assises à la table de jeu pliante, sous les yeux d'un portrait du mari numéro deux, à genoux sur un rhinocéros abattu. Ma mère entra par la cuisine et je fus stupéfait de constater à quel point elle avait l'air incongrue, à quel point elle était malvenue aux côtés de l'infirmière et au milieu des tables basses à festons. Il m'avait toujours semblé qu'il suffisait à quelqu'un d'avoir une bonne denture pour monter d'une classe à une autre, pour passer naturellement d'une maison de plain-pied à un manoir, mais, de toute évidence, je m'étais trompé. Une vie comme celle de Tante Frique exigeait non seulement de l'exercice, mais un certain goût pour la prétention, quelque chose qu'aucun de nous n'avait reçu en héritage. Ma mère agita son cocktail et quand, en manière de plaisanterie, elle prit place sur la chaise percée de la vieille femme, je sus que notre sort était scellé.

Le dimanche après-midi, Hank nous reconduisit à l'aéroport. Tante Frique poursuivit sa descente en vrille et mourut chez elle le premier jour du printemps. Mes parents allèrent aux obsèques et repartirent pour Cleveland quelques mois plus tard. Il y avait, dirent-ils, la succession à régler, les avocats à voir, quelques derniers détails. Ils quittèrent Raleigh en avion et rentrèrent une semaine plus tard au volant de la Cadillac argentée, la couverture en fourrure dessinant des zébrures de chaleur sur les genoux de ma mère. Il semblait qu'on avait bien pensé à elle – et même avec affection –, mais rien ne put la convaincre de révéler la somme exacte.

« Je te donne un chiffre, dis-je, et tu lèves ou tu baisses le pouce. C'était un million de dollars ?

— Je ne te le dirai pas.

— Un million et demi ? »

Je l'interrogeai doucement au milieu de la nuit dans l'espoir qu'elle parlerait dans son sommeil.

« C'était deux millions de dollars ? Sept cent mille ?

— Je ne te le dirai pas. »

Un ami téléphona, et se fit passer pour un agent du fisc, mais ma mère devina la supercherie. Les inspecteurs des impôts passaient rarement des disques de Jethro Tull en fond sonore. Et ils n'appelaient jamais, apparemment, pour dire : « J'ai une petite question à vous poser. »

« Mais il faut que je sache pour que je puisse le dire aux gens.

— C'est pour ça que je ne te le dirai pas. »

A cette époque, je travaillais dans une cafétéria mais je continuais à faire du baby-sitting une fois par semaine comme je le faisais depuis le collège. Les enfants me méprisaient mais il y avait une sorte de familiarité, presque de réconfort, dans la haine qu'ils éprouvaient pour moi, si bien que leurs parents me gardaient à leur service. Dans leur réfrigérateur, il y avait toujours des nourritures délicates : des viandes en tranches et des fromages de traiteur. Des bocaux de cœurs d'artichaut. Un soir, comme on me donnait mon argent, je racontai à la femme que ma grand-tante était morte et que nous avions maintenant une Cadillac et un plaid en fourrure.

« Et il y a aussi de l'argent, dis-je. Un tas. »

J'avais cru que la femme allait m'accueillir dans le

club des réfrigérateurs raffinés, au lieu de quoi elle leva les yeux au ciel :

« Une Cadillac. Mon Dieu, ce que ça fait nouveau riche ! »

J'ignorais ce que signifiait l'expression *nouveau riche*, mais elle ne laissait rien présager de bon. « Cette petite garce », dit ma mère quand je lui répétai l'histoire, après quoi elle s'attaqua à moi parce que j'avais parlé à cette femme. Une semaine plus tard, la Cadillac avait disparu, on l'avait vendue. Je me dis que c'était ma faute, mais en fait mes parents avaient déjà décidé de s'en débarrasser. Ma mère s'acheta quelques jolis tailleurs. Elle remplit le réfrigérateur de viandes froides de chez le traiteur, mais elle n'acheta ni diamant, ni maison de plage, ni rien de ce que nous pensions qu'elle achèterait. Pendant un certain temps, l'argent lui servit d'instrument de chantage. Mon père et elle se querellaient à propos d'une petite chose et quand il se mettait à rire et quittait la pièce – c'était sa manière de mettre fin à un différend, il se comportait comme si l'autre était fou et qu'il n'y avait plus rien à dire –, ma mère criait : « Tu crois que je ne peux pas partir ? Tu vas voir, mon bonhomme. » Si un voisin la traitait mal ou si, dans un magasin, on ne s'occupait pas d'elle, elle rentrait à la maison et frappait du poing sur le comptoir en sifflant : « Ce fils de pute, je pourrais l'acheter et le revendre. » Elle s'était maintes fois imaginée en train de prononcer ces mots, et maintenant qu'elle en avait la possibilité, je devinais qu'elle était déçue du peu de plaisir qu'elle en tirait.

Je crois que c'est l'argent de Tante Frique qui a payé mon loyer quand je me suis installé à Chicago pour aller à l'Art Institute. Je crois que c'est son argent qui a payé les études de ma sœur Gretchen à l'Ecole de design de Rhode Island et l'horrible mais très chère maison de redressement de l'Etat du Maine où est allée Tiffany. Il a permis aux enfants de ma mère de quitter le Sud, et pour elle, c'était un progrès. Le reste de l'argent a été géré par mon père, un alchimiste financier qui changeait l'or en boîte aux lettres débordante de comptes rendus annuels dont lui seul savait se délecter.

Quant à la taxidermie, le musée canadien déclina la collection de mon grand-oncle. Trop mélancoliques, semblait-il, pour pouvoir être vendus aux enchères, les animaux ainsi que tous les bibelots fabriqués avec des parties de leur corps furent donnés à Hank.

« Tu as *quoi* ? dis-je à ma mère. Je veux être sûr d'avoir bien compris. Tu as *quoi* ? »

Elle téléphona et on m'envoya un tapis en peau d'ours, qui, pendant plusieurs années, couvrit le sol de ma trop petite chambre. Vraiment, c'était absurde de se servir d'une dépouille d'ours pour faire un tapis. Vous marchiez dans un sens et vous trébuchiez sur la tête. Vous marchiez dans l'autre et vous vous preniez le pied dans la gueule ouverte.

La première nuit, seul avec mon ours, je fermai la porte à double tour et, dénudé, je m'étendis dessus, comme on voit parfois des gens le faire dans des magazines. J'avais espéré que cette sensation, celle de la fourrure conquise contre ma chair nue, serait la plus exquise au monde, mais ma seule sensation fut un malaise grandissant. Quelqu'un me regardait, et ce n'était ni un voisin ni l'une de mes sœurs, mais le deuxième mari de Tante Frique, celui dont j'avais vu le portrait. A partir du cou, il ressemblait exactement à Teddy Roosevelt, avec ses lunettes cerclées de métal luisant au-dessus de la moustache de morse qui l'enlaidissait. Cet homme avait pourchassé des gnous à travers le veldt brûlant et à présent son regard de prédateur tombait sur moi : un adolescent mou de dix-sept ans avec ses lunettes trop grandes et son bracelet incrusté de turquoises, qui discréditait la chasse au gros gibier avec son derrière maigrichon et boutonneux. C'était une image déplaisante, une image qui me hanta très, très longtemps.

Au cours de sa première année à l'université, Lisa emporta le tapis en Virginie, où il traîna par terre dans sa chambre. Il s'agissait, ainsi que nous en étions convenus, d'un prêt, mais à la fin du deuxième semestre elle le donna à sa camarade de chambre, qui mourut dans un accident de voiture en rentrant chez elle en Pennsylvanie. Quand j'appris la nouvelle, j'imaginai ses parents, ce couple et leur deuil ahurissant, trouvant l'ours dans le coffre de la voiture de leur fille et se demandant quel lien le rattachait à sa vie, ou à celle de quiconque.

En quoi j'ai changé

On sait qu'on est jeune si, quand on nous demande de l'argent, on le prend comme un compliment.

« T'as l'air cool, toi, je peux te poser une question ? »

La mendiante était une fille d'un peu moins de vingt ans, une hippie, qui se tenait devant la supérette du centre commercial de North Hills. Elle portait une blouse de paysanne et un jean très long à pattes d'éléphant qui lui donnait l'air de ne pas avoir de pieds. Des lunettes de grand-mère, des amulettes, un bandeau perlé : j'avais du mal à croire que quelqu'un d'aussi sophistiqué me parlait, à *moi*.

J'avais treize ans cet été-là et j'étais venu en voiture au Kwik Pik avec ma mère, qui me tendit un billet de dix dollars et me demanda de courir lui acheter une cartouche de cigarettes. Elle vit la hippie me poser une question, elle me vit courir jusqu'au magasin et elle me vit m'arrêter en sortant pour donner un dollar à la fille.

« C'était quoi, ça ? demanda-t-elle quand je remontai en voiture. Qui c'est, cette fille ? »

J'aurais été avec mon père, j'aurais menti, j'aurais dit que c'était une amie, mais ma mère savait que je n'avais aucun ami intéressant et je lui avouai donc la vérité.

« Tu ne lui as pas donné *un* dollar, me dit-elle. Tu lui as donné *mon* dollar.

— Mais elle en avait besoin.

— Pour quoi faire ? Pour acheter du shampooing ? Du fil et une aiguille ?

— Je ne sais pas. Je n'ai pas demandé.

— *Je ne sais pas. Je n'ai pas demandé.* »

Avec quelqu'un qui n'avait pas de talent, c'était facile de ne pas se sentir caricaturé, mais ma mère était vraiment douée pour imiter les gens. A l'entendre, j'étais gâté et stupide, comme un chat persan, mais humain.

« Si tu veux lui donner un dollar, c'est ton affaire, dit-elle. Mais c'était mon dollar et je veux que tu me le rendes. »

Je lui proposai de la payer à notre retour à la maison, mais cela ne lui suffit pas.

« Je ne veux pas n'importe quel vieux dollar. Je veux celui-là. »

C'était ridicule, ce prétendu attachement à un billet de un dollar particulier, mais ma mère en faisait maintenant une question de principe.

« C'est mon dollar. Je veux que tu me le rendes. »

Quand je lui dis que c'était trop tard, elle descendit et ouvrit ma portière.

« Eh bien, dit-elle, c'est ce qu'on va voir. »

La hippie regarda dans notre direction et je m'enfonçai dans mon siège.

« Maman, s'il te plaît. Tu ne peux pas faire ça. »

La situation resta un moment fluctuante, mais je savais qu'elle n'irait pas jusqu'à me sortir du break à la force du poignet.

« Et si on oubliait tout ça ? Je te rembourserai dès notre retour. Vraiment, je le jure. »

Elle me regarda me recroqueviller et remonta dans la voiture.

« Tu penses que tous ceux qui demandent de l'argent en ont vraiment besoin ? Mon Dieu, ce que tu peux être crédule. »

La fille au dollar semblait avoir lancé une mode. Lors de ma visite suivante au Kwik Pik, je fus abordé par un autre hippie, un garçon cette fois, accroupi par terre devant le distributeur de glaçons. Il me vit approcher et tendit son chapeau en cuir.

« Salut, frère, dit-il. Tu peux aider un ami ? »

Je lui donnai les cinquante cents que j'avais eu l'intention de dépenser pour un Coca et des frites, après quoi je pris appui contre un poteau pour observer le hippie et étudier la façon dont il s'y prenait. Certaines personnes, les gens cool qui n'avaient pas d'argent en trop, mettaient un point d'honneur à dire : « Désolé, mec », ou « Tu sais comment c'est ». Le hippie hochait la tête, comme au son d'une musique familière, et la personne cool l'imitait. Les gens pas cool passaient sans s'arrêter, mais on voyait quand même que le hippie exerçait sur eux un étrange pouvoir. « Une pièce ? Dix cents ? Vingt-cinq ? » C'était une petite somme qui entraînait une question de taille : « N'aimes-tu pas ton frère humain ? » Qu'il eût une ressemblance aussi frappante avec Jésus, pensais-je, ne devait rien gâcher, Jésus dont on disait qu'il allait revenir d'un jour à l'autre.

Je regardai pendant une demi-heure, après quoi le caissier sortit et de ses mains imita le mouvement d'un balai.

« Il faut arrêter de les casser aux clients, dit-il. Partez, maintenant. Filez d'ici. »

Les casser était du vocabulaire de jeune, et, sortant

de la bouche d'un adulte, l'expression semblait débile et me rappelait la manière dont les cow-boys au cinéma employaient le mot *amigo.* J'avais envie que le hippie se défende, qu'il dise « T'emballe pas, Crâne d'Œuf » ou « Qui les casse à qui ? », au lieu de quoi il se contenta de hausser les épaules. Il y avait une certaine élégance dans la façon dont il se releva du sol et traversa le parc de stationnement pour aller jusqu'à ce qui était, selon toute probabilité, la voiture de ses parents. Quelle importance s'il vivait chez eux, critiquant le système le jour et dormant chaque nuit dans un lit confortable ? Il allait probablement dépenser mes pièces en superflu – de l'encens peut-être, ou des cordes de guitare –, mais quelle importance là encore ? Il représentait le cauchemar absolu de l'adulte et, excepté le chapeau, j'avais envie d'être exactement comme lui.

A ce stade de ma vie je recevais encore de l'argent de poche, trois dollars par semaine, que j'arrondissais en faisant du baby-sitting et de menus travaux au Dorton Arena, une salle de concerts et d'expositions située sur le champ de foire. Quand nous avions de la veine, mon ami Dan et moi étions vêtus de vestes blanches et de chapeaux en papier, et travaillions à la billetterie. Quand, beaucoup plus fréquemment, nous n'avions pas de veine, nous étions affublés des mêmes uniformes ridicules, et nous accrochions à nos cous de lourds plateaux avec lesquels nous remontions les allées en vendant du pop-corn, des cacahuètes et des Coca coupés d'eau que l'on nous demandait d'appeler des « boissons glacées ».

Dans la vraie vie personne ne disait « boissons glacées », mais notre patron, Jerry, insistait là-dessus. Pire que simplement le dire, il nous fallait le crier, ce qui me donnait l'impression d'être un colporteur ou un petit livreur de journaux à l'ancienne. Aux concerts de heavy metal, personne ne nous remarquait, mais pendant les spectacles de musique country – des jamborees, on les appelait – les gens se plaignaient qu'on beuglait pendant leurs chansons préférées. « *Stand by your* POP-CORN, CACAHUÈTES, BOISSONS GLACÉES », « *My Woman, My Woman, My* POP-CORN, CACAHUÈTES, BOISSONS GLACÉES ! », « *Folsom Prison* POP-CORN, CACAHUÈTES, BOISSONS GLACÉES ». Les fans les plus furieux descendaient pour régler l'affaire avec Jerry, qui disait : « Dur ! Dur ! Les affaires sont les affaires. » Il n'avait que dédain pour les plaignants qu'il qualifiait de « tas de culs-terreux grippe-sous », ce qui me surprenait, car il y avait du cul-terreux chez lui. L'expression *grippe-sous* le prouvait assez, ainsi que sa coupe en brosse et son inhalateur de Ventoline qu'il avait décoré d'un minuscule drapeau américain.

« Il dit peut-être " culs-terreux " de manière affectueuse », dit ma mère, mais je ne marchai pas. Ce qui était beaucoup plus probable, c'est qu'il établissait une différence entre lui-même et les gens qui avaient son apparence et sa façon d'agir. Je faisais comme lui et, en écoutant Jerry, je voyais tout ce que la situation avait de pathétique. Qui étais-je pour juger que quelqu'un n'était pas cool – moi, avec mon appareil dentaire et mes lunettes à grosses montures noires ? « Oh, mais tu es très mignon », disait ma mère. Elle cherchait à me rassurer, mais être très mignon aux yeux de sa mère voulait dire que quelque chose n'allait pas du tout. J'avais envie qu'elle me trouve répugnant, mais pour l'instant j'avais les mains liées. Selon les règles, je n'avais pas le droit de me laisser pousser les cheveux jusqu'à seize ans, âge auquel mes sœurs purent enfin se faire percer les oreilles. Du point de vue de mes parents, ça se tenait, mais se faire percer les oreilles prenait quelques minutes tandis qu'il fallait des années avant d'obtenir un catogan convenable. Pour commencer, il me faudrait déjà neuf bons mois pour seulement rattraper Dan, dont la mère était raisonnable et ne mettait pas d'entrave à son style par des restrictions d'âge absurdes. Il avait des cheveux épais et raides, séparés par une raie au milieu, et ses mèches couleur de miel, repoussées derrière les oreilles, retombaient sur ses épaules comme une paire de rideaux savamment accrochés.

Depuis le CE2, nous étions tous deux des parias – les amoureux de la nature, les gogols –, mais avec son nouveau look Dan prenait de l'avance, rencontrait des gens cool dans son école privée et allait chez eux écouter des disques. Maintenant, quand je qualifiais quelqu'un de cave il me regardait de la façon dont j'avais regardé Jerry – *toc toc* – et je comprenais que notre amitié touchait à sa fin. Les garçons n'étaient pas censés être blessés par ce genre de choses, et donc, pour compenser, je commençai à nourrir une jalousie silencieuse de plus en plus difficile à dissimuler.

La foire avait lieu à la mi-septembre et le personnel des billetteries allait et venait entre les concerts à l'Arena et les spectacles moins prestigieux qui se déroulaient sur la piste de vitesse. Dan et moi faisions nos provisions pour la première course de stock-car quand Jerry nous annonça qu'à la place du Coca nous allions vendre une boisson appelée Near Beer.

Ce qui différenciait la Near Beer de la vraie bière était la présence d'alcool. La bière en avait, la Near Beer non. Elle avait un goût de farine d'avoine gazéifiée, mais Jerry espérait que les consommateurs seraient leurrés par l'étiquette, laquelle était joviale et évoquait la picole. « Parfois la tête vous joue des tours », dit-il.

Il avait peut-être raison, mais les têtes qui confondaient un morceau de sucre avec une aspirine ne venaient pas assister à des courses de stock-car en Caroline du Nord. Notre première réserve se vendit instantanément, mais à la deuxième tournée, les gens avaient commencé à piger : « De la bière, mon cul ! criaient-ils. Vous voulez nous *couillonner* ! »

« Ça fait son effet dès que la chaleur monte », expliquait Jerry, mais personne ne le croyait.

Il y eut une interruption d'une heure entre la première et la deuxième course de stock-car, et tandis que Dan et moi déambulions au milieu de la piste, je pensai à un gilet en daim que j'avais vu la semaine précédente chez J.C. Penney. Il était, ainsi que l'avait décrit la vendeuse, « d'un rouge cerise masculin » et bordé le long de l'empiècement d'une frange qui ondulait comme des cheveux. Dix-huit dollars, c'était beaucoup d'argent, mais un gilet comme celui-là ne pouvait pas passer inaperçu. Porté avec un col roulé ou la bonne chemise, il montrait votre sensibilité et la connaissance que vous aviez du sens du mot paix. Porté torse nu, il suggérait que, cheveux longs ou pas, vous veniez du pays insouciant des doux dingues. En travaillant tout le week-end, j'avais espéré gagner assez d'argent pour l'acheter, mais, avec la Near Beer, c'était maintenant hors de question. Il me faudrait le mettre sur ma liste de Noël, perspective totalement débandante. Ce qui m'avait paru dans le coup et provocant aurait l'effet inverse une fois enveloppé dans un paquet marqué « De la part du Père Noël ».

Les gradins se remplissaient pour la deuxième course et, comme nous regagnions la piste, je remarquai deux garçons vêtus de façon ringarde en train de contempler la Grande Roue. Ils me ressemblaient, ils étaient peut-être un peu plus jeunes, deux frères probablement, et ils portaient les mêmes lunettes à monture épaisse maintenues en place par des élastiques. Je les vis levant la tête et ouvrant la bouche, et au même instant je vis mon gilet en daim rouge.

« T'as pas une pièce ? »

Les frères échangèrent un regard puis se tournèrent vers moi.

« Oui, bien sûr, dit le plus âgé. Gene, donne un peu d'argent à ce mec.

— Et pourquoi moi ? demanda Gene.

— Parce que je l'ai dit, voilà pourquoi. »

Le plus âgé ôta ses lunettes et frotta une égratignure sur l'arête de son nez

« T'es un hippie, c'est ça ? »

A l'entendre, c'était comme si, à l'image des Canadiens ou des méthodistes, les hippies se promenaient tranquillement parmi nous, sans qu'on pût les distinguer à l'œil nu.

« Bien sûr que c'est un hippie, dit Gene. Autrement, il ne serait pas en train d'embêter les gens. »

Il fit le tri dans sa monnaie et me donna une pièce de dix cents.

« T'as tout compris », dis-je.

Simple comme bonjour. Dan se chargea d'un côté de la Grande Roue, et moi je pris l'autre. Nous demandâmes de l'argent de la façon dont on pourrait demander l'heure et, quand quelqu'un nous en donnait, nous le bénissions du signe de la paix ou en hochant la tête et en plissant les yeux, ce qui se traduisait par « Content que tu me comprennes ». Les adultes étant radins, et trop moralisateurs, nous préférions les gens de notre âge et nous choisissions ceux qui venaient visiblement d'une autre ville, qui avaient entendu parler des hippies mais n'en avaient jamais vu en vrai. Les gens donnaient ou ne donnaient pas, mais personne ne demandait pourquoi nous avions besoin de cet argent ou pour quelle raison deux adolescents apparemment en bonne santé étaient réduits à importuner de parfaits inconnus pour leur soutirer de la monnaie.

C'était la liberté, et pour lui donner juste un peu plus de piquant nous regagnâmes la piste où Jerry se préparait à la troisième course de stock-car. « J'ai envie de vous botter le cul, dit-il. Me laisser tomber comme ça, c'est pas une façon de traiter un ami. » Il nous remit nos uniformes et nous les jetâmes sur le comptoir en déclarant que nous avions trouvé un moyen plus facile de nous faire du fric.

« Alors, barrez-vous, dit-il. Et revenez pas me supplier. J'ai aucune pitié pour les traîtres. »

L'épithète nous fit beaucoup rire. Ayant constaté à nouveau à quel point un chapeau en papier donnait l'air stupide, Dan et moi repartîmes faire la manche, nous interrompant de temps à autre pour nous taper mutuellement dans le dos. « Traître, tu crois peut-être que j'ai besoin de toi, mais tu te plantes. » Un peu plus tard dans l'après-midi, nous remplaçâmes le mot traître par le mot hippie, feignant de croire que Jerry nous avait renvoyés non parce que nous l'avions laissé tomber mais parce que nous étions libres et désinvoltes. Aucune importance si nous ne devions plus jamais travailler pour lui, ces jours étaient maintenant derrière nous. Le travail était derrière nous.

Vers dix-sept heures j'avais assez mendié pour pouvoir payer mon gilet, mais Dan et moi étions gourmands et nous n'avions aucune envie d'arrêter. Nos projets incluaient maintenant des chaînes stéréo et des mobylettes, tout ce dont nous avions envie, payable en pièces de dix cents. Le crépuscule approchait et la piste s'éclaira d'ampoules colorées. Le début de la soirée fut lucratif, mais une foule nouvelle déferla et l'ambiance se durcit.

« T'as pas une pièce ? »

Le type à qui j'avais parlé avait un duvet sur la lèvre supérieure, une moustache immature, pas plus d'une douzaine de poils plantés au-dessus d'une bouche de la taille de celle d'un nouveau-né.

« Qu'est-ce que t'as dit ? » demanda-t-il.

Je fis mine de m'en aller, mais quand il m'obligea à lui faire face, je vis sa veste militaire, non pas la vieille veste caricaturale, une veste flambant neuve, du genre de celles qu'on achète pour s'entraîner avant de s'engager.

« C'est à moi que tu parles, pauvre nase ? »

De petite bouche il était devenu grande gueule.

« Tu m'as adressé la parole ? »

Un autre garçon apparut et posa la main sur l'épaule du type en colère.

« Allez, Kurt, t'emballe pas.

— T'as pas l'air de comprendre ce qui se passe, dit le gars nommé Kurt. Il m'a parlé, ce crétin. »

Il exprimait une indignation absolue, comme si je lui avais pissé dans la bouche.

« C'est vrai, quoi, il m'a *dit* un truc, à *moi*. »

Deux de leurs amis qui marchaient devant revinrent sur leurs pas pour voir de quoi il retournait et restèrent les bras croisés pendant que Kurt leur expliquait la situation.

« Je m'occupe de mes oignons et ce tas de merde se met à l'ouvrir. Il me parle comme s'il me connaissait, mais il me *connaît* pas. Personne me *connaît*, putain. »

Pire qu'un mec de vingt-cinq ans avec un syndrome post-Vietnam, il n'y avait qu'un mec de quatorze avec un syndrome pré-Vietnam. Je tournai la tête en direction de Dan et je le vis reculer juste au moment où le poing de Kurt m'écrasait l'oreille, brisant la tige de mes lunettes et les envoyant par terre. Le deuxième coup de poing me fendit la lèvre supérieure et le troisième fut intercepté par les amis qui le ceinturèrent en disant : « Hé, mec, calmos. Il en vaut pas la peine. »

Je goûtais le sang qui coulait de ma lèvre.

« C'est vrai, dis-je. J'en vaux pas la peine. Je le jure. Vous pouvez demander à n'importe qui.

— Il devrait pas parler à des gens sans savoir à qui il parle, putain, dit Kurt. Le prochain qui m'adresse la parole, je le bute, putain. Je jure que je le bute.

— Mais oui, mon pote. On sait. »

Les amis de Kurt l'entraînèrent vers la piste et une minute plus tard l'un d'eux revint et me donna un dollar.

« T'es cool, mec. Ce qu'a fait Kurt, c'était pas bien. Il se met dans des états des fois, mais moi je te comprends. J'aime la paix.

— J'en suis sûr, dis-je. Et je te dis merci. »

C'était la première fois qu'on me donnait un dollar entier, et il me vint à l'esprit qu'en me faisant tabasser vingt fois par jour, je pouvais vraiment gagner beaucoup de fric. Et puis je vis mes lunettes cassées et l'équation se désintégra. J'étais en train de les ramasser quand Dan arriva, feignant d'avoir raté les événements.

« Qu'est-ce qui t'est arrivé ? demanda-t-il.

— Fais pas chier, dis-je.

— Fais pas chier ? »

Il se mordit la lèvre pour ne pas rire et je sus à ce moment-là que c'en était fini de notre amitié.

« Appelle ta mère, dis-je. Je me casse. »

A la foire, il existait un million de façons de se blesser et donc, quand ma mère voulut savoir ce qui était arrivé à ma lèvre, je lui racontai que j'avais heurté la barre de sécurité à bord du Tilt-A-Whirl.

« Tu n'es pas un peu trop vieux pour ça ? » demanda-t-elle.

Elle avait confondu le Tilt-A-Whirl avec les manèges en forme de tasses destinés aux gosses de primaire. Ma mère m'avait sérieusement imaginé à l'intérieur d'une tasse à thé volante.

« Bon sang ! dis-je. Tu me prends pour quoi ? »

Elle proposa de faire réparer mes lunettes mais refusa quand je lui demandai d'en acheter une paire toute neuve.

« Mais celles que j'ai me donnent l'air d'un crétin.

— Bien évidemment, dit-elle. Ce sont des lunettes. Elles sont faites pour ça. »

Dan et moi avions prévu de retourner à la foire le dimanche matin, mais quand il se présenta à la porte je le renvoyai en prétextant que je ne me sentais pas bien.

« Je dois avoir la grippe.

— C'est ce qui arrive aux poules mouillées », dit-il en s'efforçant, cette fois encore, de ne pas rire.

C'est ainsi qu'on agissait avec ceux qui vous faisaient pitié, avec ceux qui étaient trop stupides pour comprendre la plaisanterie, et c'était bien pire que de le dire droit dans les yeux. Il s'éloigna dans l'allée et je repensai au soir précédent et à ce que j'avais dit à Kurt après son premier coup de poing. Reconnaître qu'en effet je ne valais pas l'énergie nécessaire pour me tabasser était déjà assez grave en soi, mais étais-je obligé de déclarer que c'était de notoriété publique ? *Vous pouvez demander à n'importe qui*. Pas étonnant qu'il ait pris son élan pour me frapper une deuxième fois.

Tard, cette nuit-là, Dan vint frapper à la fenêtre de ma chambre. « Devine qui a ramassé quarante-quatre dollars ? » dit-il. Il tenait les billets dans son dos, en un éventail affaissé, et il les fit apparaître d'un geste très solennel.

« Allez. T'as pas pu ramasser quarante-quatre dollars. »

Je niais pour le plaisir de le contredire, mais bien sûr je savais qu'il avait ramassé quarante-quatre dollars. Le week-end suivant, les cheveux juste un peu plus longs, il retournerait à la foire et en ramasserait encore plus. En moins de deux, il se couvrirait d'un poncho et, assis en tailleur, fumerait un narguilé en cuivre ouvragé, notre amitié alors aussi vague et insignifiante pour lui qu'un vieux code de casier. « Vous vous êtes éloignés », dirait ma mère. A l'entendre, nous aurions chacun pris une direction différente, alors qu'en réalité nous avions exactement la même destination. Simplement je n'y parvins jamais.

Il s'avéra que le gilet n'était pas en daim mais en quelque chose qui se rapprochait plutôt de l'alcantara. C'était décevant mais, ayant souffert en son nom, je n'avais pas d'autre choix que de l'acheter. Avec ce qui me restait d'argent, je fis l'acquisition d'un pantalon en velours côtelé bleu, étroit aux hanches, qui, porté avec le gilet rouge et une chemise blanche, déclarait non sans ironie : *J'aime l'Amérique. Ouais, man !*

« Dis-moi que tu ne vas pas porter ça en dehors de la maison », dit ma mère. Je pensais qu'elle était un peu jalouse. Sa jeunesse enfuie, le style était quelque chose qui la dépassait, et elle détestait me voir jouir d'une chose dont elle était privée.

« Tu peux arrêter de me les casser, s'il te plaît ? dis-je.

— Ooh, on te les casse maintenant ? »

En soupirant, elle se servit un verre de vin au cubi de trois litres qui se trouvait dans le garde-manger.

« Je t'en prie, Oncle Sam, dit-elle. Je ne voudrais surtout pas te contrarier. »

J'inaugurai ma tenue au Kwik Pik, où, cette fois encore, je tombai sur la hippie. A ce moment-là, elle ne mendiait pas, elle se contentait de fumer des cigarettes en compagnie d'un ami. De traîner. Je la saluai en hochant la tête et quand je passai devant elle, elle me traita de minet, voulant dire, en fait, que j'étais un poseur. Les deux éclatèrent de rire et la honte me consuma, la honte que ressent un gosse de quatorze ans quand il comprend que sa mère avait raison.

La dernière chose que je voulais, c'était croiser la hippie une fois de plus et je restai à l'intérieur du Kwik Pik autant que je pus, faisant durer le plaisir jusqu'au moment où le directeur me ficha dehors. Comment pouvait-on se porter comme un charme et l'instant d'après être prêt à donner n'importe quoi pour rentrer dans le congélateur de l'épicier et se glisser sous les tourtes en attendant d'être parvenu à cet âge mystérieux où on peut enfin penser vraiment par soi-même ? Ce serait si paisible, un engourdissement plus réparateur que le sommeil. De temps à autre, en se réveillant, on pourrait remarquer que la mode a changé. La coupe afro était in. Les barbes étaient out. On pourrait regarder le monde comme à travers la vitre d'un autobus, et descendre au moment de l'histoire que d'instinct on reconnaîtrait comme le sien. Celui où, sans effort, on pouvait être soi-même et admettre qu'on aimait la musique country ou qu'on détestait sentir ses cheveux sur sa nuque. On pouvait s'habiller et agir selon ses désirs, passer toute la journée dans le Kwik Pik si tel était son bon plaisir. En sortant, on passerait devant une femme vêtue d'une jupe longue jusqu'au sol, aux motifs évoquant des microbes observés au microscope. Un bandeau perlé, des lunettes à fine monture métallique : elle demanderait un quarter et on éclaterait de rire, sans cruauté, poliment, doucement, comme si elle racontait une blague qu'on avait déjà entendue.

Hégire

Ce n'était pas ainsi que j'avais prévu les choses, mais à l'âge de vingt-deux ans, après avoir laissé tomber ma deuxième fac et traversé le pays un certain nombre de fois, je me retrouvais à nouveau à Raleigh où j'habitais dans le sous-sol de mes parents. Au bout de six mois passés à me réveiller à midi, à me défoncer et à écouter inlassablement le même disque de Joni Mitchell, je fus convoqué par mon père dans son bureau pour m'entendre dire de décamper. Il était assis, de façon très solennelle, dans un grand fauteuil confortable derrière sa table et j'eus l'impression qu'il me licenciait du poste qui consistait à être son fils.

Je m'attendais à cet événement qui, à vrai dire, ne me causait guère d'inquiétude. De mon point de vue, être renvoyé de la maison était exactement ce dont j'avais besoin pour espérer retomber sur mes pieds. « Très bien, dis-je. Je pars. Mais un jour tu le regretteras. »

Je n'avais pas la moindre idée de ce que j'entendais par là. C'était juste le genre de phrase qui devait franchir vos lèvres, semblait-il, quand on vous disait de vous en aller.

Ma sœur Lisa, qui avait un appartement près de l'université, me dit que je pouvais venir habiter avec elle du moment que je n'emportais pas mon disque de Joni Mitchell. Ma mère offrit de m'y conduire et, après quelques bouffées de bang, je la pris au mot. C'était à quinze minutes en voiture et, en chemin, nous écoutâmes la rediffusion d'une émission où les auditeurs appelaient l'animateur pour décrire les différents oiseaux rassemblés autour des mangeoires qu'ils disposaient dans leur jardin. Normalement, l'émission passait le matin et c'était étrange de l'écouter le soir. Les oiseaux en question étaient couchés depuis de longues heures et ignoraient sûrement qu'on parlait encore d'eux. Je ruminai la question et me demandai si quelqu'un, à la maison, parlait de *moi*. Que je sache, personne ne s'était jamais essayé à imiter ma voix ou à décrire la forme de mon crâne et c'était un peu déprimant de penser que mon existence passait inaperçue alors qu'un grand nombre de gens semblaient prêts à tout laisser tomber pour un cardinal.

Ma mère s'arrêta devant l'immeuble où habitait ma sœur et quand j'ouvris la portière elle se mit à pleurer, ce qui m'inquiéta, car c'était le genre de choses qu'elle ne faisait pas. Il ne s'agissait pas d'un truc du genre « Tu vas me manquer », c'était quelque chose de plus triste et de plus désespéré. Je ne l'apprendrais que plusieurs semaines plus tard, mais mon père m'avait renvoyé de la maison non parce que j'étais un bon à rien, mais parce que j'étais homosexuel. Notre petite conversation était censée constituer un de ces moments cruciaux qui définissent l'âge adulte, mais il était si mal à l'aise avec le mot essentiel qu'il l'avait complètement oblitéré, et s'était contenté de dire : « Je crois que nous savons tous les deux pourquoi je fais cela. » J'aurais peut-être pu le mettre au pied du mur, mais je n'en avais pas vu l'utilité. « Est-ce parce que je suis un raté ? un drogué ? un parasite ? Allez, papa, donne-moi seulement une bonne raison. »

Qui a envie de demander ça ?

Ma mère pensait que je connaissais la vérité et elle en était bouleversée. C'était là encore un de ces moments cruciaux, mais il me passa aussi complètement au-dessus de la tête. Elle pleura jusqu'au moment où je crus qu'elle s'étranglait. « Je suis désolée, dit-elle. Désolée. Désolée. Désolée. »

Je m'étais dit que dans les semaines suivantes j'aurais un travail et un petit appartement miteux. Cela ne me paraissait pas insurmontable, mais les larmes de ma mère me faisaient craindre que ces choses soient un peu plus difficiles à trouver que je ne le croyais. Pensait-elle sincèrement que j'étais nul à ce point ?

« Je t'assure, lui dis-je. Tout ira bien. »

La lumière du plafonnier était allumée et je me demandai ce que pensaient les automobilistes qui passaient en voyant ma mère sangloter. Quel genre de gens étions-nous pour eux ? Pensaient-ils qu'elle était une de ces mères pleurnicheuses qui fondaient en larmes dès que quelqu'un ébréchait une tasse à café ? Croyaient-ils que je lui avais dit quelque chose de blessant ? Ne voyaient-ils en nous qu'une autre mère en pleurs, une de plus, et son fils homosexuel, défoncé, assis dans un break en train d'écouter une émission de radio sur les oiseaux, ou bien imaginaient-ils, l'espace d'un instant seulement, que nous pouvions avoir quelque chose de spécial ?

Marchandus de sommeillus

Quand elle eut la certitude d'avoir vu tous les films en noir et blanc jamais tournés, ma mère s'abonna au câble et se mit à regarder les communiqués publicitaires nocturnes dans la cuisine. Mon père remontait du sous-sol aux alentours de quatre heures du matin et tous deux passaient alors une agréable demi-heure à se moquer de tout ce qui apparaissait à l'écran. « J'y crois pas, gloussaient-ils. Pitié ! »

Le seul programme de ce genre qu'ils parvenaient à prendre au sérieux était présenté par un self-made man qui avait amassé une fortune dans l'immobilier et s'adressait au public du studio comme à un parterre d'étudiants en pleine période de révisions. Il faisait un usage constant du tableau noir. Colonnes de chiffres et graphiques étaient pointés à l'aide d'une baguette, mais le gars avait beau expliquer, je ne parvenais jamais à comprendre de quoi il parlait. Apparemment, en renouvelant l'hypothèque de sa maison, il en avait acheté dix-sept autres, qu'il avait ensuite louées, ce qui lui avait permis de rafler un centre commercial et plusieurs terrains de golf miniature. En lui retournant les poches vous auriez eu de la veine de trouver vingt dollars, mais sur le papier il valait des millions. Du moins c'est ce qu'il prétendait.

S'il était vraiment aussi facile d'accumuler autant de biens, il eût été logique que tout le monde suivît les conseils du millionnaire, seulement voilà : tout le monde n'était pas debout à quatre heures du matin. Tandis que le reste de la planète dormait à poings fermés, vous, le spectateur, aviez choisi de changer de vie, et n'aviez-vous pas déjà parcouru la moitié du chemin vers la victoire ? A l'époque je vivais entre deux appartements et j'eus l'occasion de voir l'émission à deux reprises avant de quitter la maison de mes parents et de m'installer chez moi. C'était au printemps 1980. Un an après, mon père et ma mère étaient propriétaires de douze duplex au sud de Raleigh et volaient vers la fortune.

Des marchands de sommeil, c'est ainsi que nous appelions nos parents, mais en réalité les duplex n'avaient pas mauvaise allure. Chacun offrait une baie vitrée, un sol en parquet et un jardin de bonne taille ombragé par quelques arbres. Au moment de leur construction, ils avaient été loués par des Blancs, mais depuis le quartier avait changé et, à l'exception d'un vieillard reclus, tous les locataires étaient noirs. Quelques-uns avaient un emploi, mais la plupart vivaient de l'aide sociale, ce qui, pour nous, signifiait que leur loyer était payé par le gouvernement et, généralement, en temps voulu.

Dans leur esprit, mes parents devaient travailler en tandem – à elle le suivi des contrats de location, à lui le soin de l'entretien. Pour ma part, je m'étais dit que, comme toujours, mon père prendrait le pouvoir et s'occuperait seul de tout, mais pour une fois il agit selon le cadre prévu. Les actes furent signés, et en l'espace d'un mois ma mère devint experte en acronymes des services du logement, fédéraux ou d'Etat. Des fiches arrivèrent et les duplicatas furent rangés en piles, inondant de leur flot le bureau du sous-sol et jusqu'à mon ancienne chambre qui servait à présent de siège social. Ma mère demandait : « Celle-là, je la mets à BLR ou à BFL ? » « Est-ce que B.J. peut prétendre à l'AF ou seulement au RMI ? » Je la voyais assise au bureau, les coudes tachés d'encre à photocopieuse, et je plaignais tout le monde.

D'un point de vue égoïste, « l'Empire », ainsi que nous nous plaisions à le qualifier, me procurait du travail de temps à autre – une semaine de travaux de peinture ou d'isolation, un jardin à creuser à la recherche d'une tuyauterie. Le revers de la médaille, c'est que j'effectuais ces travaux pour mon père, autrement dit que mon salaire était négociable. Je présentais une fiche horaire et il pinaillait, réduisant mes heures à la quantité qu'il jugeait raisonnable. « Tu espères me faire croire que tu es venu tous les jours de neuf à dix-sept heures ? Sans déjeuner, sans pause cigarette, sans passer des heures aux toilettes à te curer le nez ? »

La caméra vidéo que j'avais dans la tête me projetait des images de moi en train de m'adonner aux activités en question, et il finissait par en apercevoir quelques-unes. « Je le savais. Je te paie trente heures, et encore, parce que je suis gentil. »

Si nous nous étions mis d'accord pour un forfait – mettons 300 $ pour peindre un appartement –, je pouvais me retrouver avec un chèque de 220 $, et ensuite, à la fin de l'année, avec un formulaire fiscal à remplir. Chaque travail se terminait par une querelle, mes menaces inutiles et mes pauvres insultes mises dans la glace et conservées pour la route. Les locataires auraient adoré nous voir nous engueuler et nous faisions donc de notre mieux pour les priver de ce plaisir. Seuls dans la voiture, nous étions des sauvages, mais à l'Empire nous étions les Ambassadeurs de notre couleur de peau, dont le comportement n'était pas celui des Blancs ordinaires avec lesquels nous avions grandi, mais celui des Blancs d'exception dont nous avions gardé le vague souvenir, grâce à divers épisodes des *Chefs-d'Œuvre du Théâtre*. On tenait les portes, et on perdait un paquet de temps à inviter l'autre à passer devant.

« Après toi, père.

— Pas du tout, fils, après *toi*. »

S'il n'y avait pas eu ma mère, nous y aurions passé la journée.

« Bon, vous allez rentrer, oui ou merde ? criait-elle. Nom de Dieu, on dirait un couple de vieilles dames. »

Pour ce qui avait trait à l'Empire, les rôles de mes parents étaient étrangement inversés. Ma mère était encore celle qui présentait le mieux, mais le locataire désireux de formuler la moindre requête ne tardait pas à apprendre qu'il fallait s'adresser à mon père, lequel avait une réserve d'indulgence dont nous étions rarement les témoins à la maison. Ses propres enfants ne parvenaient pas à lui extorquer une pièce de dix cents, mais si Chester Kingsley avait perdu son portefeuille ou si Regina Potts s'était cassé la clavicule, il était plus que disposé à trouver une solution. Quand Dora Ward eut un retard de loyer, il lui accorda un délai, puis un autre, puis un autre. Quand il apprit qu'elle avait déménagé à la cloche de bois en emportant la cuisinière et le réfrigérateur, il dit seulement : « Oh, bon. Il fallait les remplacer de toute façon.

— Tu rigoles, dit ma mère. La cuisinière n'avait que deux ans. Tu fais un beau propriétaire, tiens. »

J'avais espéré gagner de l'argent en réaménageant l'appartement laissé inoccupé par Dora, mais le rêve tourna court le jour où un couple mixte se présenta, disant s'appeler Lance et Belinda Taylor. Mes parents et moi étions en train d'inspecter la cuisine vide lorsqu'ils frappèrent à la porte, demandant à visiter et annonçant dans le même souffle qu'ils adoraient l'appartement tel qu'il était. Il ne manquait que la cuisinière et le réfrigérateur, tout le reste ils pouvaient s'en charger eux-mêmes. « La charpente et tout ça, c'est ma partie », dit Lance. Il exhiba ses mains pour nous en convaincre et nous pûmes constater que ses paumes étaient couvertes d'épaisses callosités.

« Montre-leur aussi l'autre côté, dit sa femme. Qu'ils voient tes doigts et tout. »

Ma mère suggéra au couple de revenir dans un mois ou deux, mais mon père voyait dans leur situation un tableau presque biblique. Un charpentier et sa femme en quête d'un abri : il ne leur manquait qu'un âne exténué. Il gémit quand il apprit qu'ils habitaient dans un motel et fondit totalement quand on lui montra la photo des trois enfants du couple. « Nous allions rénover un peu l'appartement, mais que voulez-vous ? Vous m'avez convaincu.

— Nous allons réfléchir », dit ma mère, mais mon père avait assez réfléchi. Lance paya la caution en espèces et le lendemain il s'installa avec sa famille.

En voyant ses nouveaux voisins, Chester confia qu'il plaignait les gosses. « Eux et le mari. Dites-moi un peu, cette femme blanche, ce qu'elle peut être moche ! »

Mon père n'y alla pas par quatre chemins et voulut lui faire changer d'avis. « Mais non, pas du tout.

— Mais si », répliqua ma mère.

Ils formaient en effet un couple étrange, pas tant à cause de leur couleur mais parce qu'ils étaient physiquement très mal assortis. Lance était beau et habitué à être admiré, tandis que Belinda avait le corps décharné et « Bon, dit ma mère, un physique *ingrat*.

C'est la description la plus gentille qu'on peut donner d'elle, non ? ».

Quand ils emménagèrent, les Taylor se montrèrent courtois et enthousiastes. Pouvaient-ils planter un potager ? Certainement ! Repeindre le salon ? Pourquoi pas ? Mais le jardin ne fut jamais semé et les pots de peinture restèrent intacts. Ils se querellaient fréquemment et bruyamment, et plus d'une fois la police vint séparer le couple. Lorsqu'il eut un premier retard de loyer, Lance appela à la maison, pour exiger que mon père mette des cailloux dans son allée. « Je ne paie pas trois cents dollars par mois pour marcher sur des coquilles d'huîtres écrasées, dit-il. C'est mauvais pour mes pneus *et* pour mes chaussures. Et pour revoir la couleur de mon argent, il faudra que vous ayez fait quelque chose. »

Recouvrir de cailloux l'allée de Lance signifiait automatiquement recouvrir de cailloux l'allée de tout le monde et mon père créa la surprise en acceptant.

« Et pas de cailloux de second choix, dit Lance. Je veux de la qualité.

— Du gravier, dit mon père.

— Ouais. C'est ça. »

Refaire l'allée n'était en rien urgent, mais quelle belle chose de voir un homme défendre son bout de gras ! C'était exactement ce que mon père aurait fait s'il avait été à la place du locataire, et, ayant concédé cela, il était obligé d'avouer son admiration, fût-ce du bout des lèvres. « Ce type sait y faire, dit-il. On ne peut pas dire le contraire. »

On fit venir un camion d'ordures et je passai trois jours à lentement répandre le gravier. Lance paya son loyer et appela un ou deux mois plus tard pour se plaindre que des oiseaux se rassemblaient dans l'arbre devant la fenêtre de sa chambre à coucher. Eussent-ils été des vautours, nous aurions compati, mais il s'agissait d'oiseaux chanteurs, dont le seul crime était d'être heureux.

« Qu'attendez-vous de moi ? demanda mon père. Que je vienne en personne leur faire peur pour qu'ils s'en aillent ? Les oiseaux font partie de la nature, mon vieux. Il faut apprendre à vivre avec. »

Lance exigeait que l'arbre soit abattu, et quand on lui opposa un refus, il n'hésita pas à passer lui-même à l'action. Ce n'était qu'un pin, ni vraiment beau ni vraiment vieux, mais mon père n'en avait cure, il aimait les arbres et les admirait de la même façon que les play-boys admirent les femmes. « Non mais regarde-moi ça ! s'écriait-il en arrêtant la voiture au milieu d'un carrefour embouteillé.

— Regarde quoi ?

— Quoi, " Regarde quoi ? ". L'érable, abruti. Quelle allure ! »

Quand il apprit ce que Lance avait fait, mon père se retira dans sa chambre et contempla les chênes devant sa fenêtre. « Elaguer, c'est une chose. Mais le couper ? Le mettre à *mort* ? Quel genre de *bête* est ce type ? »

Lance avait abattu l'arbre à la hache et l'avait abandonné là. Au bout d'une ou deux semaines, ayant maintenant un mois de retard de loyer, il se plaignit que des rats nichaient dans les branches. « Je vais vous signaler aux services municipaux, déclara-t-il à mon père. Et si un de mes gosses se fait mordre, j'appelle les services municipaux *et* mes avocats.

— Ses avocats ! Et puis quoi encore ? » dit mon père.

Ma mère avait essayé de voir les choses sous un jour optimiste, mais elle craignait à présent que Lance ne morde les enfants lui-même. En parlant avec d'autres propriétaires, elle avait fini par lui coller une étiquette, celle du locataire qui vivait sans payer le loyer, et qui gagnait du temps jusqu'à ce que vous soyez saigné à blanc. Si être propriétaire exigeait une compétence, c'était la faculté de reconnaître ce genre de personnes et de ne jamais les laisser franchir le seuil. Lance et sa femme avaient réussi à entrer et mes parents allaient maintenant être obligés de se débarrasser d'eux, adroitement et selon les règles. Ils ne voulaient pas fournir des armes aux Taylor et on décida donc d'enlever l'arbre. « Je ne vois vraiment pas d'autre solution, dit ma mère. Ce fils de pute claque des doigts et il faut lui obéir. »

J'allai aider mon père à le scier et à le transporter, et dès mon arrivée j'eus la nette impression d'être observé. C'était comme dans une scène de western – soleil au zénith et rue déserte. « Du calme, dit mon père, davantage pour lui que pour moi. On fait notre boulot et on s'en va. »

Nous étions au travail depuis une dizaine de minutes quand Lance apparut sur le seuil, en jean et bottes de cow-boy couleur caramel. Peut-être les bottes étaient-elles trop petites ou encore trop neuves, mais, quoi qu'il en soit, il s'avança lentement et d'un pas hésitant, comme si la marche constituait pour lui une nouveauté.

« C'est parti », dit mon père.

La première plainte de Lance concernait le bruit de la tronçonneuse, lequel dérangeait les enfants dont l'un était censé avoir la grippe.

« Au mois de *septembre* ? demanda mon père.

— Mes gosses ont le droit d'être malades quand ils veulent, répondit Lance. Je vous demande simplement de baisser le son. »

Il n'y avait aucun moyen de baisser le son d'une tronçonneuse, mais là n'était pas le vrai problème.

Mon père avait été sermonné à portée de voix des autres locataires et à présent il fallait s'attendre à des complications.

Lance regagna son appartement en boitillant pour ressortir peu après. Les bottes avaient maintenant disparu et à la place il portait une paire de tennis. J'étais occupé à traîner une branche en direction du trottoir et il se plaignit que ce faisant je menaçais l'harmonie de son jardin, lequel était tantôt chauve, tantôt envahi de mauvaises herbes et présentait toute l'harmonie d'une poubelle. « Les branches, il faut les *soulever*, dit-il. S'il y en a une seule qui touche le sol, vous aurez affaire à moi. Compris ? »

Mon père avait bien vingt centimètres de moins que Lance et il leva la tête vers le ciel pour pouvoir regarder l'homme dans les yeux :

« Je vous interdis de parler à mon fils sur ce ton.

— Vous, vous avez bien parlé à *mon* fils sur ce ton, dit Lance. Vous l'avez traité de menteur. Vous avez dit qu'il pouvait pas avoir la grippe au mois de septembre.

— Mais ce n'est pas à *lui* que je l'ai dit.

— C'est la même chose. Vous faites chier mon fils, je fais chier le vôtre.

— Allons, dit mon père. Inutile d'être grossier. »

Ils se mirent à parler en même temps et quand mon père éleva la voix Lance l'accusa de crier.

« Vous avez pas le droit de me gueuler dessus, dit-il. Les champs de coton, c'est terminé. Je ne suis pas votre esclave. »

Il jouait la scène pour la galerie, les bras tendus vers les fenêtres des voisins.

« Vous *parlez* à qui, là ? demanda mon père.

— Vous croyez que je ne suis qu'un nègre et que vous pouvez me crier dessus ? C'est bien ce que vous dites, que je suis un nègre ? Vous me traitez de nègre ? »

Je n'avais jamais entendu mon père employer ce mot, c'était donc doublement injuste de la part de Lance de le placer dans sa bouche. Les gens allaient raconter l'histoire et, avec le temps, ils en viendraient à penser que mon père *avait* traité Lance de nègre. Telle est la nature des rumeurs et on ne peut rien y faire.

« Vous avez perdu la tête, dit mon père.

— Ah, alors maintenant je suis un nègre dingo. C'est ça ?

— Je n'ai pas dit ça.

— Non, mais c'est ce que vous *pensez*. »

Mon père laissa tomber les bonnes manières.

« Arrêtez vos conneries.

— Ah, alors je suis un menteur ? »

Quelques centimètres à peine les séparaient à présent, les bouts de leurs chaussures se touchaient presque. Au loin, je voyais Belinda à sa fenêtre et Chester à la sienne. Regina Potts, Donald Pullman : tous, ils affichaient sur leurs visages la même volupté. Si quelqu'un avait menacé mon propriétaire, j'aurais moi aussi éprouvé une joie mauvaise, mais là il s'agissait de mon père et je me mis à les haïr de s'amuser à ce point du spectacle.

Je ne sais plus ce qui incita mon père et Lance à calmer le jeu, mais c'est ce qui arriva, progressivement, comme avec une bouilloire que l'on retire du feu. Les poings serrés devinrent des mains ouvertes, la distance qui les séparait grandit, et peu à peu leurs voix redescendirent à un volume normal. Mon premier sentiment fut le soulagement. Je n'avais pas eu à intervenir. J'avais échappé à l'humiliation, à la responsabilité de voir mon père se lancer dans une bagarre. L'imaginer en train de donner un coup de poing était déjà assez horrible, l'imaginer vaincu – mon père plaqué au sol, mon père criant de douleur ou de stupéfaction – était une chose intolérable.

Maintenant, je craignais que les choses n'en restent pas là. Nous nous en étions sortis aujourd'hui, mais qu'allait-il se passer la prochaine fois que Lance et mon père tomberaient l'un sur l'autre ? Un homme qui portait des bottes de cow-boy et qui coupait des arbres pour faire fuir les oiseaux était sans doute capable de tout : lancer une attaque surprise, desserrer des roues, allumer une bombe incendiaire. C'étaient des craintes raisonnables, mais si l'une ou l'autre lui traversa l'esprit, mon père n'en montra rien. Quand Lance se fut éloigné, il se contenta de mettre ses gants et de reprendre son travail, comme après une banale interruption – Chester voulant qu'il répare une fuite de robinet, les sœurs Barrett lui demandant de venir déboucher leurs gouttières. Les choses étaient peut-être différentes pour Lance, mais mon père ne vivait pas ainsi. On n'en venait pas aux mains chez IBM ou au Country Club de Raleigh et s'il lui arrivait d'avoir des réactions agressives – bousculer les chariots des autres au supermarché, gueuler aux automobilistes d'aller prendre un chien d'aveugle –, je crois qu'il y avait longtemps qu'il n'avait pas sérieusement envisagé de se battre. « Ça, ça me dépasse », dit-il, sans rien ajouter, après quoi il secoua la tête et remit en marche la tronçonneuse.

Le soleil se couchait quand nous chargeâmes le bois sur la plate-forme du camion. Mon père sortit les clefs de sa poche et nous restâmes assis dans la cabine quelques minutes avant de rentrer à la maison. Chez Minnie Edwards, un enfant ouvrit la porte à un petit ami logé et nourri, qui n'était pas censé habiter là. Ce genre de situation était du ressort de l'aide sociale, d'autant plus que le petit ami avait un travail et contribuait aux dépenses du foyer. De temps à autre se présentait une assistante sociale à l'affût de vêtements d'homme ou de signes de dépenses extravagantes, et il était entendu pour les locataires que mes parents partageaient la même curiosité. L'homme pénétra chez Minnie et, peu après, elle sortit sur le seuil, faisant signe à mon père de baisser sa vitre. « C'est mon frère, dit-elle. Il revient de l'armée. » Tous ces jeux de cache-cache. Toutes ces justifications épuisantes.

« Alors qu'en dis-tu ? » demanda mon père.

Il ne parlait ni de Lance ni du petit ami de Minnie Edwards, mais de tout. Tout ce que nous avions techniquement sous les yeux nous appartenait – les jardins, les maisons, les allées de gravier. C'était là ce que la candeur avait acheté : un coin du monde qui, avec le temps, pouvait grandir, s'étendre lot par lot jusqu'au jour où il serait possible de parcourir une certaine distance sans jamais perdre son sentiment de culpabilité et d'incertitude.

Lance et sa famille finiraient par quitter l'appartement mais, avant cela, un plafond de salle de bains apparemment en parfait état se serait, sans aucune raison, effondré sur la tête de sa femme. Elle se présenterait au tribunal en boitant, ridicule et si prévisible avec ses pansements et sa minerve, mais le jury tomberait dans le panneau et lui accorderait des indemnités. Plus tard, nous apprendrions qu'ils s'étaient séparés. Qu'il était parti avec quelqu'un d'autre. Qu'elle faisait les lits dans un hôtel. Chester, lui aussi, se séparerait de sa femme et partirait, en emportant non seulement les appareils électriques, mais aussi les doubles-vitrages.

Les problèmes n'étaient résolus que pour céder la place à de nouveaux et, derrière le pare-brise, mon père semblait tous les voir défiler : la femme dont le fils allait mettre le feu à sa chambre, l'homme qui lancerait une batterie de voiture contre la fenêtre de son voisin, un méli-mélo frénétique de locataires hostiles qui, une brique après l'autre, dépeçaient son empire.

« Je t'aurais aidé si Lance, tu sais, t'avait frappé ou quelque chose, dis-je.

— Bien sûr, dit mon père et, pendant un moment, il s'autorisa même à le croire. Ce mec n'avait pas la moindre idée de qui il avait en face de lui, hein ?

— Non, en effet.

— Nous deux ensemble, hein ? Nom d'un chien, on aurait vu ce qu'on aurait vu ! »

Et nous éclatâmes de rire, Vespasien et Titus dans la cabine d'une camionnette Toyota. Mon père me tapota le genou, fit démarrer le camion.

« Je te donnerai un chèque quand on sera à la maison, dit-il. Mais ne va pas croire que je vais te payer à bayer aux corneilles. Ça marche pas comme ça. Non, pas avec moi. »

La fille d'à côté

« Bon, la petite expérience est terminée, dit ma mère. Tu as essayé, ça n'a pas marché, alors si on passait à autre chose ? »

Elle avait revêtu son uniforme qui signifiait On-retrousse-les-manches : jupe turquoise délavée, foulard en coton et une des blouses sport que mon père lui avait achetées dans l'espoir qu'elle se mettrait au golf.

« On commence par la cuisine. C'est toujours la meilleure façon, non ? »

Je déménageais de nouveau. Cette fois, à cause des voisins.

« Ah ! non, dit ma mère. Ils ne sont pas en cause. Soyons honnêtes à présent. »

Elle aimait remonter à la source de mes problèmes, c'est-à-dire, en général, moi. Par exemple, le jour où j'ai eu une intoxication alimentaire, ce n'était pas la faute du cuisinier. « C'est *toi* qui as voulu manger chinois. C'est *toi* qui as commandé le lomain. »

— *Lo mein*. C'est en deux mots.

— Ah, il parle chinois maintenant ! Dis-moi, Charlie Chan, avec quel mot désigne-t-on six heures ininterrompues de vomissements et de diarrhée ? »

Ce qu'elle voulait dire, c'est que j'avais essayé d'économiser. Le chinois bon marché, l'appartement à soixante-quinze dollars par mois. « A force de les sortir avec un élastique, ça vous pète à la figure » : telle était l'une de ses rengaines. Mais quand on n'a *pas* d'argent, comment ne pas les sortir avec un élastique ?

« Et à qui la faute si tu n'as pas d'argent ? Ce n'est pas moi qui fais le dégoûté quand on lui propose un travail à plein temps. Ce n'est pas moi qui dépense toute sa paie au magasin de bricolage.

— Je comprends.

— Alors tout va bien », dit-elle, et nous commençâmes à emballer les objets fragiles.

Dans ma version de l'histoire, le problème avait commencé avec la petite fille des voisins, une élève de CE2 qui, à en croire ma mère, était dès le départ une calamité. « Réfléchis, avait-elle dit la première fois que je l'avais appelée pour lui en parler. Prends un peu de recul. Penses-y. »

Mais penser à quoi ? C'était une petite fille de neuf ans.

« Ce sont les pires, dit ma mère. Comment s'appelle-t-elle ? Brandi ? Quelle vulgarité, non ?

— Pardonne-moi, mais ne suis-je pas en train de parler à quelqu'un qui a appelé sa fille *Tiffany* ?

— J'étais pieds et poings liés ! cria-t-elle. Ces satanés Grecs m'ont coincée et tu le sais parfaitement.

— A ta guise.

— Donc cette fille, reprit ma mère – et je savais ce qu'elle allait demander avant même qu'elle ait posé la question. Que fait son père ? »

Je lui dis qu'il n'y avait pas de père, en tout cas pas de père à ma connaissance. Et j'attendis qu'elle ait allumé une autre cigarette.

« Voyons voir. Une petite fille de neuf ans qui porte le nom d'une boisson alcoolisée. Une mère célibataire dans un quartier où la police n'ose même pas venir. Et puis quoi encore ? »

A l'entendre, j'avais modelé ces gens dans l'argile, c'était ma faute si cette enfant avait neuf ans et si sa mère était incapable de garder un mari.

« Et je suppose que cette femme n'a pas de travail ?

— Elle est barmaid.

— Oh, magnifique, dit ma mère. Continue. »

La femme travaillait la nuit et laissait sa fille seule de quatre heures de l'après-midi à deux ou trois heures du matin. Toutes les deux étaient blondes, avec des cheveux presque blancs, et des sourcils et des cils invisibles. La mère rendait les siens plus foncés en les maquillant au crayon, mais la fillette semblait ne pas en avoir du tout. Son visage était comme le climat de ces pays où on ne distingue pas les saisons. De temps à autre, les cernes sous ses yeux prenaient une teinte violette. Il lui arrivait de venir avec une lèvre tuméfiée ou une éraflure au cou, mais ses traits ne révélaient rien.

On ne pouvait qu'éprouver de la compassion pour une fille comme ça. Pas de père, pas de sourcils, et cette mère-là. Un mur séparait nos appartements, et toutes les nuits j'entendais le pas lourd de la femme qui rentrait chez elle. La plupart du temps elle était avec quelqu'un mais, seule ou accompagnée, elle trouvait une excuse pour réveiller sa fille et la brutaliser. Brandi avait laissé un beignet sur la télé ou Brandi avait oublié de vider l'eau de son bain. Il y a des leçons importantes à apprendre, mais il y a beaucoup à dire sur les vertus de l'exemple. Je ne suis jamais entré chez elles, mais ce que j'ai vu depuis le seuil était assez rude – il n'y régnait pas seulement le désordre et le chaos, c'était effroyable, c'était la tanière d'une femme dépressive.

Considérant sa vie de famille, comment s'étonner que Brandi se soit attachée à moi ? Une mère normale se serait peut-être inquiétée – sa fille de neuf ans passait son temps avec un garçon de vingt-six – mais celle-là ne semblait pas se poser de questions. Pour elle j'étais simplement un truc qu'elle n'avait pas besoin de payer : un baby-sitter gratuit, un distributeur de cigarettes gratuit, l'épicerie complète. Il m'arrivait de l'entendre à travers le mur : « Hé, va chez ton ami demander un rouleau de papier toilettes. » « Va chez ton ami lui demander de te faire un sandwich. » Si elle avait de la visite et qu'elle voulait être seule, elle mettait la petite dehors. « Et si tu allais à côté voir ce que ton petit camarade est en train de faire ? »

Avant moi, la mère de Brandi s'était servie du couple qui habitait au rez-de chaussée, mais on devinait que la relation avait tourné à l'aigre. A côté des cabas à roulettes enchaînés à leur véranda, ils avaient placé un panneau ENTRÉE INTERDITE qu'ils avaient acheté et sur lequel ils avaient ensuite écrit à la main « Ça veau pour toi, Brandi !!!! ».

Il y avait également une galerie au premier étage, avec une porte donnant sur la chambre de Brandi et une autre donnant sur la mienne. Techniquement, elle était censée desservir les deux appartements, mais tout l'espace était envahi par leurs rebuts, et je m'en servais donc rarement.

« J'ai hâte que tu en finisses avec ta petite crise de misérabilisme », avait déclaré ma mère quand elle avait vu l'endroit pour la première fois. A l'entendre, elle avait grandi dans le luxe, alors qu'en réalité elle avait, enfant, vécu dans des conditions bien pires. Les tailleurs qu'elle portait, les appareils délicats qui maintenaient ses dents en place – tout était inventé. « Tu vis dans des quartiers pauvres pour te sentir supérieur, disait-elle en prélude, immanquablement, à une scène. Le but du jeu c'est de *monter* l'échelle d'un cran. A la rigueur, rester au même niveau c'est acceptable, mais pourquoi descendre ? »

En tant que relativement nouvelle venue dans la classe moyenne, elle craignait que ses enfants ne retombent dans le monde de l'aide sociale et des mauvaises dents. Nous n'avions pas encore le raffinement dans le sang, ou du moins c'était ainsi qu'elle voyait les choses. Mes vêtements de récupération la faisaient grimper aux murs, tout comme mon matelas d'occasion qui gisait, sans les bénéfices d'un sommier, à même le parquet. « Ce n'est pas *ironique*, disait-elle. Ce n'est pas *ethnique*. C'est crasseux. »

Les chambres décorées, c'était parfait pour des gens comme mes parents, mais en tant qu'artiste je préférais vivre à la dure. La pauvreté prêtait à mes petites tentatives un très nécessaire vernis d'authenticité et j'imaginais que je remboursais ma dette en donnant un petit coup de pouce à ceux qui m'entouraient, non pas en masse, mais isolément, à l'ancienne mode. C'était, me disais-je, le moins que je pouvais faire.

Je racontai à ma mère que j'avais laissé entrer Brandi chez moi et elle exhala un profond soupir à l'autre bout de la ligne. « Et je parie que tu lui as fait faire tout le tour du propriétaire, n'est-ce pas ? Monsieur Frimeur. Monsieur Gros Bonnet. » Après ça, nous eûmes une violente querelle. Je ne l'appelai pas pendant deux jours. Et puis le téléphone sonna. « Mon pote, dit-elle, tu n'as pas idée du pétrin dans lequel tu t'es fourré. »

Une enfant laissée à l'abandon vient frapper à

votre porte et vous êtes censé faire quoi, l'envoyer paître ?

« Exactement, dit ma mère. Tu la fous dehors. »

Mais je ne pouvais pas. Ce que ma mère qualifiait de frime était pour moi une visite guidée standard. « Ça, c'est ma chaîne stéréo, avais-je expliqué à Brandi. Ça, c'est le poêlon électrique que j'ai reçu pour Noël, et là c'est un petit truc que j'ai trouvé en Grèce l'été dernier. » Dans mon esprit, je lui faisais découvrir des choses qu'une personne normale pouvait posséder et apprécier, mais elle n'entendait que le possessif. « Ça, c'est le ruban que j'ai reçu pour ma mention honorable » signifiait « Il est à *moi*. Ce n'est pas le tien ». De temps à autre, je lui donnais un petit quelque chose, convaincu qu'elle le chérirait éternellement. Une carte postale de l'Acropole, des enveloppes préaffranchies, des serviettes en papier emballées avec le logo d'Olympic Airways. « Vraiment ? disait-elle. Pour moi ? »

La seule chose qu'elle possédait, la seule chose qu'elle affectionnait, c'était une poupée de trente centimètres logée dans une valise en plastique transparent. C'était une version de bazar de ces Poupées de Tous les Pays, celle-là étant espagnole, vêtue d'une robe rouge betterave, la tête drapée d'une mantille tombante. Derrière elle, imprimé sur un carton, on voyait l'endroit où elle vivait : une rue sinueuse plantée de pins grimpant sur une colline jusqu'à une arène poussiéreuse. La poupée était un cadeau de sa grand-mère, qui avait quarante ans et vivait dans une caravane près d'une base militaire.

« Qu'est-ce que c'est que ça ? demanda ma mère. Un feuilleton débile ? C'est *qui*, ces gens ?

— Ces gens, répondis-je, sont mes voisins et j'aimerais que tu évites de te moquer d'eux. La grand-mère n'a pas besoin de ça, je n'ai pas besoin de ça, et je suis pratiquement sûr qu'une fillette de neuf ans n'a pas besoin de ça non plus. »

Je ne lui dis pas que la grand-mère était surnommée Friponne et que, dans la photo que m'avait montrée Brandi, la femme portait un short en jean et un bracelet de cheville.

« Nous ne lui parlons plus, avait dit Brandi quand je lui avais rendu la photo. Elle est sortie de notre vie et on est très contents. »

Elle avait la voix monocorde d'un robot et j'eus l'impression que sa phrase lui avait été dictée par sa mère. Elle parlait sur le même ton quand elle m'avait présenté sa poupée.

« Elle n'est pas pour jouer. Elle est pour regarder. »

La personne qui avait établi cette règle l'avait à l'évidence assortie d'une menace. Brandi promenait son doigt sur les bords de la valise, jouant avec la tentation, mais pas une fois je ne la vis soulever le couvercle. C'était comme si la poupée allait exploser si on la sortait de son environnement naturel. La boîte était son monde, et quel monde étrange !

« Tu vois, dit un jour Brandi, elle rentre chez elle pour faire cuire ces palourdes. »

Elle parlait des castagnettes qui pendaient au poignet de la poupée. C'était une idée amusante, enfantine, et j'aurais dû la laisser tranquille au lieu de jouer à Monsieur Je-sais-tout.

« Ce seraient des palourdes si c'était une poupée américaine. Mais elle vient d'Espagne et ça s'appelle des castagnettes. »

J'écrivis le mot sur un bout de papier.

« Castagnettes, regarde.

— Elle ne vient pas d'Espagne, elle vient de Fort Bragg.

— Oh, elle a peut-être été *achetée* à Fort Bragg, dis-je. Mais elle est censée être espagnole.

— Et ça veut dire quoi, *ça* ? »

C'était difficile à dire sans les sourcils, mais je crois qu'elle était furieuse contre moi.

« Ça ne veut rien dire de particulier. C'est juste vrai.

— N'importe quoi. Ça n'existe pas.

— Oh ! si. C'est juste à côté de la France.

— Ouais, bien sûr. C'est quoi ça, un magasin ? »

Je n'en croyais pas mes oreilles. Comment pouvait-on ignorer que l'Espagne était un pays ? Même à l'âge de neuf ans, il me semblait qu'on pouvait l'apprendre en regardant la télé par exemple.

« Oh, Brandi. On va te trouver une carte. »

Comme je ne pouvais pas faire autrement, nous adoptâmes des habitudes strictes. Je travaillais à temps partiel sur des chantiers de construction et je rentrais à dix-sept heures trente tapantes. Cinq minutes après, Brandi frappait à la porte et restait là à battre des cils jusqu'à ce que je lui ouvre. A cette époque, je faisais un peu de sculpture sur bois, des silhouettes dont les têtes ressemblaient aux divers outils que j'employais pendant la journée : un marteau, une hachette, une brosse métallique. Avant de commencer, je disposais du papier et des crayons de couleur sur ma table. « Dessine ta poupée, lui disais-je. Reproduis l'arène qui est derrière elle. Exprime-toi ! » J'encourageais Brandi à élargir son horizon, mais elle laissait généralement tomber dès les premières minutes, en prétextant que c'était trop de travail.

Avant tout, elle observait, posant les yeux tour à tour sur mon couteau et sur la poupée espagnole posée devant elle sur la table. Elle disait à quel point son institutrice était bête et puis elle demandait ce que je ferais si j'avais un demi-million de dollars. Si, à ce moment de ma vie, j'avais disposé d'un demi-million de dollars, je l'aurais probablement dépensé jusqu'au dernier cent pour acheter de la drogue, mais je ne dis rien parce que je voulais montrer l'exemple.

« Voyons, disais-je. Si j'avais autant d'argent, je crois que je le donnerais.

— N'importe quoi. Tu ferais quoi, tu le distribuerais aux gens dans la rue ?

— Non, je créerais une fondation et je m'efforcerais de changer la vie des gens. »

Là, même la poupée avait envie de dégueuler.

Quand je lui demandai ce qu'elle ferait avec un demi-million de dollars, Brandi décrivit des voitures, des robes et de lourds bracelets incrustés de pierres précieuses.

« Et les autres ? Tu n'as pas envie de les rendre heureux ?

— Non, j'ai envie de les rendre jaloux.

— Tu ne parles pas sérieusement.

— Tu paries ?

— Oh, Brandi. »

Je lui préparais un verre de chocolat au lait et elle peaufinait sa liste jusqu'à dix-huit heures cinquante-cinq, heure à laquelle nous cessions officiellement de cultiver notre amitié. Si le travail n'avait pas beaucoup avancé et qu'il y avait peu de copeaux à balayer, il m'arrivait de la laisser rester deux minutes encore, jamais plus longtemps.

« Pourquoi faut-il que je parte à la seconde ? demanda-t-elle un jour. Tu vas travailler ou quoi ?

— Eh bien, non, pas exactement.

— Alors qu'as-tu de si pressé ? »

Je n'aurais jamais dû le lui dire. Ce qu'il y a de bien avec les manies compulsives c'est qu'on est toujours à l'heure au travail. Le problème, c'est qu'on est à l'heure pour tout. Pour rincer sa tasse de café, prendre un bain, porter ses vêtements à la laverie :

vos allées et venues ne recèlent aucun mystère, il n'y a aucune place pour l'imprévu. Au cours de cette période de ma vie, je me rendais à la crêperie IHOP tous les soirs, je grimpais sur mon vélo à sept heures précises et je rentrais à neuf heures précises. Je n'y mangeais jamais, je buvais seulement un café en regardant exactement dans la même direction, assis exactement à la même place et en lisant des livres de bibliothèque pendant exactement une heure. Après quoi j'allais à la supérette. J'y allais même quand je n'avais besoin de rien, parce que c'était à ça que ce temps était imparti. Si les files d'attente étaient courtes, je rentrais en prenant le chemin des écoliers ou bien je faisais le tour du pâté de maisons un certain nombre de fois, ne pouvant pas rentrer plus tôt puisque ces cinq ou dix minutes n'étaient pas prévues pour être passées à la maison.

« Qu'arriverait-il si tu avais dix minutes de retard ? » demanda Brandi.

Ma mère posait souvent la même question – tout le monde la posait. « Tu crois que le monde va s'écrouler si tu passes la porte à neuf heures quatre ? »

Ils le disaient en plaisantant, mais la réponse était oui, c'est exactement ce que je croyais. Le monde allait s'écrouler. Les soirs où un autre client occupait ma place habituelle à la crêperie, j'étais anéanti. « Quelque chose ne va pas ? » demandait la serveuse, et je me retrouvais même incapable de parler.

Brandi s'était glissée dans mon emploi du temps depuis un peu plus d'un mois quand je commençai à remarquer que certains objets avaient disparu – des objets tels que des gommes à crayon et ces petits livres de recettes que j'avais trouvés en Grèce. En cherchant dans mes tiroirs et mes commodes, je découvris que d'autres choses avaient également disparu : une boîte de punaises, un porte-clef en forme de cacahuète.

« Je vois où ça va, dit ma mère. La petite fouineuse a ouvert la porte qui donne sur la véranda et elle est entrée pendant que tu étais à la crêperie. C'est bien ce qui est arrivé, n'est-ce pas ? »

J'étais furieux qu'elle ait tout compris aussi vite.

Quand je mis Brandi au pied du mur, elle craqua immédiatement. C'était comme si elle n'attendait que le moment de passer aux aveux, qu'elle les avait même répétés. Les excuses bredouillées, l'appel pathétique à la clémence. Elle mit ses bras autour de ma taille et quand elle relâcha enfin son étreinte, je posai la main sur ma chemise, sûr de la sentir mouillée de larmes. Ce n'était pas le cas. Je ne sais pas pourquoi j'ai fait ce que je fis ensuite, ou plutôt, je crois le savoir. C'était toujours dans la perspective absurde de donner l'exemple. « Tu sais ce qu'il faut faire maintenant, n'est-ce pas ? » Je m'exprimai d'un ton ferme et approprié jusqu'au moment où j'en mesurai les conséquences et à partir duquel je commençai à faiblir. « Nous devons aller... dire à ta mère ce que tu viens de *faire* ? »

Sans trop y croire, j'espérais que Brandi me pousserait à changer d'avis, mais non, elle se contenta de hausser les épaules.

« Ça ne m'étonne pas, dit ma mère. C'est vrai, enfin, c'est comme si tu l'avais dénoncée au chat. A quoi t'attendais-tu de la part de cette mère, qu'elle brode les Dix Commandements sur un bout de canevas ? Réveille-toi, idiot, cette femme est une pute. »

Naturellement, elle avait raison. La mère de Brandi m'écouta les bras croisés, ce qui était bon signe, jusqu'au moment où je compris que sa fureur était dirigée contre moi et non contre sa fille. A l'autre bout de la pièce, un homme à cheveux longs se curait les ongles à l'aide d'une paire de ciseaux. Il regarda un moment dans ma direction puis recommença à s'intéresser à la télévision.

« Alors elle a pris une gomme, dit la mère de Brandi. Que voulez-vous que je fasse, que j'appelle la police ? »

Dans sa bouche l'affaire paraissait incroyablement insignifiante.

« J'ai simplement pensé que vous deviez être au courant de ce qui s'était passé, dis-je.

— Merveilleux ! Maintenant je suis au courant. »

Je regagnai mon appartement et appuyai mon oreille contre le mur de la chambre.

« C'était qui ? demanda le type.

— Oh, un pauvre connard », répondit la mère de Brandi.

Les choses se calmèrent un peu après cela. Je pouvais pardonner à Brandi d'avoir pénétré chez moi, mais je ne pouvais pas pardonner à sa mère. *Un pauvre connard*. J'avais envie d'aller dans le bar où elle travaillait et d'y mettre le feu. En racontant l'histoire autour de moi, je me surpris à employer des phrases que j'avais sans doute entendues à la radio. « Les enfants *veulent* qu'on leur donne des limites, dis-je. Ils en ont *besoin*. » J'y voyais un cliché, mais tout le monde semblait en convenir – surtout ma mère, qui suggéra que dans ce cas précis une cellule d'un mètre cinquante sur trois ferait peut-être l'affaire. Elle ne rejetait pas encore sur moi toute la faute, il était donc encore amusant de lui dire des choses, de me réchauffer au feu réconfortant de son indignation.

Quand Brandi revint frapper à la porte, je fis semblant d'être sorti – stratagème qui ne trompa personne. Elle cria mon nom, comprit ce qui se passait et retourna chez elle regarder la télé. Je n'avais pas l'intention de rester éternellement fâché. Une semaine ou deux à faire comme si elle n'existait pas et ensuite je me dis que nous reprendrions au point où nous en étions restés. Pendant ce temps, je la croisai quelquefois dans le jardin, où elle restait là debout, comme si elle attendait qu'une personne normale vienne la chercher. Je lançais : « Salut ! Ça va ? » et elle me répondait par un petit sourire forcé, le genre de sourire qu'on offre à quelqu'un qu'on déteste et qui se promène avec le fond du pantalon souillé de chocolat.

Du temps où notre quartier était prospère, l'immeuble que nous habitions était une maison qui abritait une seule famille et je me plaisais parfois à l'imaginer telle qu'elle était autrefois : avec de belles pièces et des lustres, un foyer vivant et majestueux avec une domesticité et des cochers. Un après-midi, alors que je sortais des poubelles, j'allai dans ce qui était auparavant la cave à charbon, un endroit crasseux au plafond bas à présent jonché de galets et de boîtes en carton moisies. Il y avait de vieux fusibles et des pelotes de fil électrique, et là, dans le fond, une pile d'objets que je reconnus être les miens : des objets dont je n'avais pas remarqué la disparition – des photos, par exemple, et des diapos de mes œuvres calamiteuses. L'humidité avait abîmé les cadres et quand je sortis de la cave et les levai vers la lumière du soleil, je vis que la pellicule avait été grattée, non pas par accident, mais avec une épingle ou une lame de rasoir. « T'ai un connard, disait l'une d'entre elles. Vas-y susse ma bitte. » L'orthographe était désastreuse, l'écriture en pattes de mouche furieuses, s'épanchant dans des formes incompréhensibles, comme jaillies de cerveaux malades incapables de s'arrêter. C'était exactement l'effet auquel j'aspirais dans ma pâle imitation d'art populaire, de telle sorte que, non content de me sentir violé, je me sentais jaloux. Je veux dire, cette fille, c'était quelque chose.

Il y avait des planches de diapositives, toutes hachurées de messages abjects. Les photos, elles aussi, étaient saccagées. Là, c'était moi, bébé, avec le mot *mérdeu* gravé sur le front. Là, c'était ma mère, jeune mariée, en train de pêcher des crabes, les yeux crevés. Dans le tas, il y avait aussi tous les petits cadeaux acceptés avec une telle démonstration de joie feinte, les enveloppes et les cartes postales, jusqu'aux serviettes en papier, chaque chose étant, systématiquement, détruite.

Je ramassai le tout et allai droit chez la mère de Brandi. Il était deux heures de l'après-midi et elle portait un de ces peignoirs qui descendaient à mi-cuisse et qu'on met pour s'entraîner au karaté. Pour elle, c'était le matin et je la trouvai en train de boire du Coca dans un verre à anses.

« Merde ! s'écria-t-elle. On a déjà parlé de tout ça, non ?

— Eh bien non, figurez-vous. (Je parlais d'une voix plus sonore que d'habitude et elle était tremblante.) Figurez-vous qu'on n'a *pas* parlé de tout ça ! »

Dans le quartier, je m'étais toujours fait l'effet d'occuper une niche à part, un peu comme un missionnaire parmi les sauvages, mais là, debout, haletant, les cheveux remplis de toiles d'araignée, j'eus l'horrible impression d'être parfaitement à ma place.

La mère de Brandi jeta les yeux sur le paquet dégoûtant que je tenais à la main comme si c'étaient des objets que j'essayais de vendre au porte-à-porte.

« Vous savez quoi ? dit-elle. J'ai pas besoin de ça en ce moment. Non, vous savez quoi ? J'en ai pas besoin, point barre. Vous croyez que ça a été facile pour moi d'avoir un bébé ? J'ai personne pour m'aider, ni mari, ni garderie, ni tout ce que vous voudrez, je suis toute seule, là, compris ? »

Je voulus remettre la conversation sur ses rails, mais pour ce qui était de la mère de Brandi, il n'y avait pas d'autres rails. Il n'y avait qu'elle.

« Je fais mes heures *et* les remplacements pour cette pute de Kathy Cornelius. Et mon seul jour de repos, il faut que je me tape un pauvre pédé qui vient me faire chier pour des merdes auxquelles je ne connais *rien*. Alors c'est non. Pas aujourd'hui. Allez trouver quelqu'un d'autre sur qui tout déverser. »

Elle me claqua la porte au nez et je restai dans le couloir à me demander : *Qui est Kathy Cornelius ? Il se passe quoi, là ?*

Au cours des jours suivants, je me repassai la conversation dans la tête, indéfiniment, en pensant à toutes les choses bien senties et intelligentes que j'aurais dû lui dire, des choses telles que : « Hé, c'est pas *moi* qui ai décidé d'avoir des enfants » et « Ce n'est pas *mon* problème si vous êtes obligée de remplacer cette pute de Kathy Cornelius ».

« Ça n'aurait rien changé, me dit ma mère. Avec ce genre de femme, la victime, c'est toujours elle. Tout le monde est contre elle, quoi qu'il arrive. »

J'étais si ulcéré, si désarçonné que je quittai l'appartement et allai dormir chez mes parents à l'autre bout de la ville. Ma mère me conduisit au IHOP à l'heure exacte, et me ramena ensuite, mais ce n'était plus pareil. Sur mon vélo, j'étais libre de penser à ce qui me passait par la tête, maintenant il me fallait écouter ses sermons, à l'aller comme au retour.

« Tu t'attendais à quoi en laissant cette fille entrer chez toi ? Et ne me dis pas que tu espérais changer sa vie, de grâce, je viens de manger. »

J'y eus droit ce soir-là et aussi le lendemain matin.

« Veux-tu que je te conduise encore à ton bidonville ? » demanda-t-elle, mais elle m'avait mis en colère et je pris l'autobus.

Je pensais que les choses ne pouvaient pas être pires et puis, ce soir-là, ce fut le cas. Je rentrai à pied du IHOP et me trouvais sur le palier devant la porte de Brandi quand je l'entendis chuchoter : « Pédé. » Elle avait la bouche contre le trou de la serrure et la voix chétive et mélodieuse. C'était toujours ainsi que je m'étais imaginé la voix d'un papillon de nuit. « Pédé. Qu'est-ce qu'il y a, pédé ? T'as un problème ou quoi ? »

Elle éclata de rire et comme je me précipitais chez moi, elle courut jusqu'à la véranda et se mit à claironner derrière la porte de ma chambre : « Petit pédé, petit mouchard. Tu te crois très malin, mais t'es qu'une tache. »

« C'est bon, dit ma mère. Il faut qu'on te sorte de là. »

Il ne fut même pas question de s'adresser à la police ou aux services sociaux.

« Fais ta valise. Elle a gagné.

— Mais est-ce que je ne peux pas...

— Non, non, dit ma mère. Maintenant elle est furieuse et on ne peut pas retourner en arrière. Il ne manquerait plus qu'elle aille voir les autorités pour leur dire que tu as abusé d'elle. C'est ça que tu veux ? Un petit coup de fil et ta vie est foutue.

— Mais je n'ai rien fait. Je suis homo, au cas où tu aurais oublié.

— Ça ne va pas te sauver la vie, dit-elle. Une chose en entraîne une autre et qui penses-tu qu'ils vont croire, une fillette de neuf ans ou l'homme adulte qui prend son pied à sculpter des petites créatures en balsa ?

— Ce ne sont *pas* des petites créatures ! hurlai-je. Ce sont des outils anthropomorphes !

— Quelle différence ? Aux yeux de la loi, tu n'es qu'un cinglé avec un couteau qui reste assis à la crêperie à contempler un foutu chronomètre. Cette fille, tu lui mets autre chose qu'un bustier, tu la fais monter dans le box des témoins – en larmes – et que crois-tu qu'il va se passer ? Donne un rôle à la mère et tu te retrouves avec une procédure criminelle *et* une procédure civile.

— Tu regardes trop la télévision.

— Pas autant qu'eux, dit-elle. Ça, je peux te le garantir. Tu crois que ces gens-là ne sentent pas l'odeur de l'argent ?

— Mais je n'ai pas d'argent.

— Ce n'est pas ton argent qu'ils veulent. C'est le mien.

— Celui de papa, tu veux dire ? »

J'étais vexé à cause de sa remarque sur les « petites créatures » et je voulais la blesser, mais je n'eus aucun succès.

« Je veux parler de *notre* argent. Tu crois que je ne sais pas comment ça se passe ? Je ne suis pas née à l'âge de cinquante ans avec un beau sac et une jolie paire de chaussures. Mon Dieu, tout ce que tu ignores ! *Mon Dieu !* »

Mon nouvel appartement se trouvait à huit pâtés de maisons, face à la première église épiscopale de la ville. Ma mère paya la caution et le premier mois de loyer, puis elle vint au volant de son break m'aider à emballer mes affaires et à les transporter. En la voyant sur le palier porter un carton rempli de mes sculptures en balsa, légères comme des plumes, les cheveux attachés sous un foulard en vichy, je me demandai quelle image avait d'elle Brandi qui devait sûrement l'observer par le trou de la serrure. Que représentait-elle pour elle ? Le mot mère ne conviendrait pas, car je ne pense pas vraiment qu'elle en connaissait le sens. Une femme qui vous guide le long du chemin et vous aide quand vous avez des ennuis – quel nom donnerait-elle à ça ? Une reine ? Une béquille ? Une institutrice ?

Derrière la porte, j'entendis un bruit suivi de la petite voix de papillon de nuit. « Salope », chuchota Brandi.

Je me réfugiai à l'intérieur de l'appartement, mais ma mère ne prit même pas la peine de s'arrêter.

« Pas qu'un peu, ma petite, dit-elle, si tu savais... »

Un job saignant

Pendant plusieurs années, j'ai fait des ménages à New York, ce qui n'est pas une mauvaise façon de gagner sa vie. Mon patron avait une petite agence et faisait payer aux clients quinze dollars de l'heure, cinq pour lui et dix pour l'employé. On pouvait gagner plus d'argent en travaillant à son compte mais, pour moi, il était intéressant de disposer d'un intermédiaire, de quelqu'un qui établissait le programme de travail et essuyait les tirs éventuels. S'il y avait quelque chose de cassé, notre patron le remplaçait, et s'il y avait quelque chose de volé, ou prétendument volé, c'était lui qui défendait notre honneur. A l'exception d'un cabinet d'ostéopathe, je travaillais toujours chez des particuliers, dans des appartements et des lofts où je me rendais une fois par semaine ou une fois tous les quinze jours. Les propriétaires étaient en général à leur travail et les rares fois où ils se trouvaient chez eux, ils s'efforçaient de se rendre aussi discrets que possible, agissant comme si j'étais chez moi et qu'ils n'étaient, eux, que de simples invités.

Un de ces clients était un agent général d'assurances âgé d'environ soixante-cinq ans. Je faisais le ménage chez lui depuis plus d'un an et nous fîmes enfin connaissance parce qu'il était resté chez lui pour se rétablir d'une opération. Il avait un problème cardiaque et il vint me parler pendant que je nettoyais son réfrigérateur.

« Je ne voudrais pas vous déranger, me dit-il, mais je vais aller m'allonger un moment. J'ai mis le réveil, mais, si pour une raison ou une autre, je ne me réveille pas, je me demandais s'il vous serait possible d'enfoncer ça dans mon anus. »

Il me tendit un gant en latex et un losange transparent rempli de liquide ambré.

« Si vous n'êtes pas réveillé à quelle heure ?

— Oh, disons à quinze heures. »

Il alla dans sa chambre et je commençai à me demander ce que je ferais si le réveil ne parvenait pas à le tirer du sommeil. Qu'est-ce qui était le plus difficile ? Enfoncer un losange dans l'anus d'un inconnu ou se sentir coupable si son cœur s'arrêtait de battre ? Comme dans la plupart des cas, je songeai que tout dépendait de la personne. L'homme ne s'était jamais plaint à mon patron, il ne m'avait jamais demandé de lui faire sa lessive et il avait eu le tact de me fournir un gant en latex ; qui étais-je pour lui refuser ce service ?

Le réveil sonna à quinze heures et, au moment où je commençais à prendre mon courage à deux mains, l'agent d'assurances émergea de sa chambre, les traits reposés, prêt à affronter l'après-midi. La semaine suivante, il retourna à son travail ; je vins chez lui faire le ménage pendant deux années encore, mais nous ne nous revîmes plus jamais.

Mon patron fut atterré par l'épisode du suppositoire mais, avec le recul, je le considérai comme une aventure. Etre seul toute la journée finissait par devenir un peu ennuyeux et je lui demandai donc de m'envoyer plus souvent chez des clients qui restaient chez eux. Il s'agissait souvent d'interventions ponctuelles. Le propriétaire avait donné une soirée particulièrement arrosée ou venait de faire poncer le plâtre, et désirait qu'on vienne nettoyer les dégâts. Un jour, je me rendis chez une ancienne playmate qui avait besoin d'aide pour remettre de l'ordre dans ses placards. Nous commençâmes à parler et elle me montra des photos de ses trois ex-maris, en m'expliquant que la devise de la famille était : « Mange, bois, et remarie-toi. »

« C'est complètement éculé », dit mon patron, mais moi, je ne l'avais jamais entendue.

En décembre 1992, une nouvelle que j'avais écrite fut lue dans une émission de la National Public Radio et, six mois plus tard, le *New York Times* publia un petit article intitulé IL FAIT DE LA RADIO *ET* LES FENÊTRES. L'article était paru un dimanche matin et dès dix heures les gens commencèrent à appeler chez moi pour me demander si je pouvais venir faire le ménage chez eux. Beaucoup avaient une idée derrière la tête et voulaient que je dénonce quelque chose qu'ils considéraient comme grave ou injuste : des pratiques de discrimination à l'embauche, des réunions officieuses organisées par leur conseil syndical, une découverte médicale controversée que les gros bonnets avaient décidé d'étouffer. « Ce n'est pas vraiment mon travail », leur répondais-je, mais ils insistaient et me noyaient sous un tas de « contacts téléphoniques importants ». Ils parlaient toujours tout bas, laissant entendre qu'il y avait des espions partout.

Quand les gens me téléphonaient chez moi je leur demandais d'appeler mon patron et de prendre rendez-vous par son intermédiaire. De cette façon j'apportais la preuve de ma loyauté et je me débarrassais des théoriciens du complot plus facilement repérables qui se plaignaient de se faire posséder. Dans le mois qui suivit la parution de l'article, mon patron partit en vacances et peu après un inconnu appela pour me demander si je pouvais passer chez lui au cours du week-end. Il m'indiqua son nom, Martin, et une adresse dans la Quatre-Vingtième Rue Est. Je proposai de venir à deux heures le dimanche et il rappela après que nous eûmes raccroché.

« C'est deux heures du matin ou deux heures de l'après-midi ? demanda-t-il.

— De l'après-midi, répondis-je. Quatorze heures. »

Je me rendrais compte par la suite que c'était un mauvais présage.

L'Upper East Side est mort pendant les vacances d'été : en remontant à pied à partir de la station de métro, je ne croisai pas plus d'une douzaine de personnes. Martin habitait au quinzième étage d'une tour nouvellement construite. Un agent de sécurité annonça mon arrivée puis, comme je sortais de l'ascenseur, un homme ouvrit sa porte avant de passer la tête dans le couloir. Il semblait âgé d'environ quarante-cinq ans, il était grassouillet, avec un visage rond, luisant, brûlé par le soleil, et des cheveux blonds comme les blés, très fins, pareils à ceux d'un bébé. La sueur formait des auréoles sous les aisselles du tee-shirt qui lui moulait étroitement l'abdomen et arborait l'image d'un voilier sur des eaux houleuses, sillonnées de creux.

« Etes-vous la personne à qui j'ai parlé au téléphone ? » demanda-t-il.

Je dis que oui et, avec une expression de léger dépit, comme si les gens comme moi étaient son lot habituel, il me donna une tape dans le dos et se présenta.

Je pensais que Martin venait de rentrer chez lui après une séance de sport mais, en pénétrant dans l'appartement, je compris qu'il était couvert d'une transpiration maison. Dehors, il faisait dans les vingt-cinq et quelques, mais dans son salon il y avait bien dix degrés de plus. « C'est comme dans un four à pizza », dit-il. Il ne cherchait pas à s'en excuser. Au contraire, il semblait s'en vanter. Je regardai le climatiseur qui gisait débranché au milieu du parquet, la rangée de fenêtres fermées qui donnaient sur les gratte-ciel environnants.

« Si vous avez chaud, vous pouvez toujours... »

Il enfonça les mains dans les poches de son short et baissa les yeux sur ses pieds nus.

« Vous pouvez toujours... vous voyez. »

Je pensais qu'il voulait dire que je pouvais partir, mais c'était idiot, puisque j'étais déjà là.

« Ça va, lui dis-je. Je n'ai pas l'air conditionné non plus.

— Oh, je l'ai, moi, dit-il. Mais je ne l'utilise pas.

— Oui.

— C'était déjà installé.

— C'est bien.

— C'est bien si on aime l'air conditionné.

— Et vous n'aimez pas ça, dis-je.

— Non, dit-il. Pas du tout. »

D'ordinaire, après une minute ou deux de papotages, le client me montrait l'aspirateur et s'effaçait. Martin continua à contempler ses pieds et il me vint à l'esprit que si je voulais me sortir de là, il fallait que je prenne les devants.

« Si vous n'y voyez pas d'inconvénient, je commence normalement par la cuisine, dis-je.

— Comme vous voudrez. »

Il se dirigea vers la pièce adjacente et comme j'entrais, il prit appui contre l'encadrement de la porte.

On voyait tout de suite que ce type ne faisait pas la cuisine. La cuisinière avait l'air flambant neuve et hormis une cafetière électrique, le comptoir était nu.

« Normalement, je ne suis pas là le week-end, confia-t-il. Pas en été en tout cas. »

Je fouillai sous l'évier à la recherche des produits d'entretien.

« Ah ouais ?

— Dès le vendredi je saute dans le premier autocar pour Fire Island, dit-il. Vous y allez ? A FIRE ISLAND ?

Il avait dit *Fire Island* comme si c'était là un code prédéfini, le mot de passe qui m'indiquait le moment de donner le microfilm. Je lui dis que je n'y étais jamais allé et il s'installa sur le comptoir.

« Comment pouvez-vous ne pas être allé à FIRE ISLAND ? demanda-t-il. Je croyais que *tout le monde* y allait.

— Tout le monde sauf moi. »

J'ouvris son réfrigérateur, qui était vide à l'exception d'une cannette de Coca Light et d'une douzaine de mini-bouteilles remplies d'un sérum transparent. Si on m'avait demandé de deviner, j'aurais répondu qu'elles étaient destinées à soigner quelque désordre psychique. Il ne voulait absolument pas lâcher cette histoire de Fire Island.

« Si vous voulez, je peux vous donner des renseignements. »

Et, sans me laisser le temps de refuser, il ouvrit un tiroir et me tendit une brochure. La couverture présentait une douzaine d'hommes musclés en train de folâtrer sur le pont d'un bateau de plaisance. Ils étaient tous torse nu et plusieurs d'entre eux ne portaient rien d'autre que des strings. Je compris qu'il attendait des commentaires de ma part, au lieu de quoi j'indiquai une silhouette minuscule, à peine visible sur le rivage au loin.

« C'est un pêcheur ? demandai-je.

— Oh, peut-être, dit Martin. Mais ce n'est pas pour ça qu'on va à FIRE ISLAND. »

Je lui rendis la brochure.

« Je suis trop impatient pour pêcher. Mais chercher des crabes, j'aime bien. Alors, dites-moi, avez-vous des frères et sœurs ? »

Le changement de sujet sembla le désarçonner.

« Une sœur. Elle habite dans le New Jersey. Mais à FIRE ISLAND, vous voyez, il y a...

— Et vos parents ?

— Mon père est mort il y a quelques années. Mais ma mère est toujours en vie. »

Il n'avait pas l'air désireux de creuser la question, alors j'insistai, dans l'espoir qu'il irait dans l'autre pièce et me laisserait tranquille.

« Et votre mère, qui préfère-t-elle ? Vous ou votre sœur ?

— Je ne sais pas, dit-il. Quelle importance ?

— Simple curiosité. Est-ce que vous l'emmenez parfois à Fire Island ?

— Non.

— Ah, très bien. »

Martin fourra la brochure dans le tiroir où il l'avait prise puis se retira dans le salon, où il alluma la télévision et passa de chaîne en chaîne. Débarrassé de sa présence, je finis la cuisine en un rien de temps. Ensuite, ce fut la salle de bains, puis la chambre, une pièce confinée jonchée d'objets et où il faisait encore plus chaud que dans le reste de l'appartement. Sur la commode, il y avait un monceau de vêtements et de pornographie gay, les couches alternées de chemises et de magazines me rappelant des croquis de sciences illustrant la croûte terrestre. Je comptai cinq couvertures sur le lit défait et je m'efforçais d'y comprendre quelque chose quand Martin entra et s'assit sur une chaise pliante. La conversation que nous avions eue dans la cuisine était maintenant oubliée et il semblait désireux de repartir de zéro.

« Dites donc, comme vous travaillez dur !

— Comment pouvez-vous dormir avec cinq couvertures ? demandai-je.

— Eh bien, dit-il, je suis diabétique. J'ai froid. »

C'était nouveau pour moi.

« Tous les diabétiques ont-ils froid l'été ?

— Il faudrait leur poser la question. »

Il tendit la main vers un tiroir ouvert et sortit un objet en plastique de la taille d'un Walkman.

« J'ai une idée, dit-il. Et si on recherchait le taux de sucre que vous avez dans le sang ?

— Maintenant ?

— Oui, dit-il. Pourquoi pas ? »

Je pouvais trouver des douzaines de raisons.

« Je vous pique juste le doigt, je prélève le sang sur un bout de papier et je le mets dans la machine. Alors, qu'est-ce que vous en dites ?

— Non, ça ira.

— Mais l'aiguille est pré-emballée. Totalement stérile. Vous ne risquez pas d'attraper quoi que ce soit.

— Merci de me l'avoir proposé, mais je pense que je vais passer mon tour. »

J'essayais de faire le lit et comme j'attrapais un oreiller il me saisit le poignet et m'enfonça sa petite aiguille.

« Je vous ai eu ! » dit-il.

Il se forma une goutte de sang sur le bout de mon index et il se jeta dessus pour la recueillir sur une languette de papier.

— On n'a plus qu'à le mettre dans la machine... et on attend. »

La bonne nouvelle c'était que j'avais un taux de glucides normal.

« Estimez-vous heureux, dit Martin. Le mien est délirant. »

Il me montra une cicatrice au sommet de son crâne et me raconta la fois où, plusieurs mois auparavant, il s'était réveillé sur le parquet du salon, baignant dans une mare de sang.

« Black-out total, dit-il. En tombant, j'ai dû heurter la table basse en verre. »

Un an avant, il avait perdu connaissance dans la rue et passé la nuit dans le caniveau.

« Dans mon état, me dit-il, tout peut arriver. »

Ce qu'il sous-entendait, c'est qu'on ne pouvait pas le tenir responsable de ses actes. Le message n'était guère rassurant, mais je restai quand même, non par pitié pour lui mais parce que je ne savais pas comment partir. C'eût été gênant – ou plutôt *plus* gênant – et, j'avais beau y songer sérieusement, la manière de procéder m'échappait. Sans compter que je ne pouvais m'empêcher de penser que j'avais *mérité* cette analyse de sang. J'avais demandé qui sa mère préférait, lui ou sa sœur. J'avais cru faire le malin, je m'étais félicité de mon habileté à éconduire quelqu'un et c'était mon châtiment. A mes yeux, nous étions quittes.

Quand j'eus fini la chambre, nous passâmes au salon, Martin me talonnant à deux pas. Je ramassai quelques journaux et quelques magazines épars que je réunis en une pile. Je venais d'épousseter la télévision quand il se laissa tomber sur le canapé et mit en marche une cassette porno déjà installée dans le magnétoscope. C'était une histoire de soldats. Un bleu avait mal fait reluire les bottes de son sergent. Maintenant il allait le payer.

« Vous l'avez déjà vu ? » demanda Martin.

Je lui répondis que je n'avais pas de magnétoscope et, comme il baissait son short, je me détournai.

Mon modèle en matière de ménage était une femme nommée Lena Payne qui travaillait pour mes parents à la fin des années 60. Quand je rentrais de l'école, j'observais avec un vif intérêt comment elle s'attaquait au sol de la cuisine. « Prenez une serpillière, disait ma mère, c'est comme ça que je fais », et Lena baissait la tête, pleine de commisération. Elle savait ce que ma mère ignorait : soit on veut un sol propre soit on veut utiliser une serpillière, mais on ne peut pas avoir les deux. Dans le domaine du repassage ou dans la manière de punir un enfant, Lena était une spécialiste, et elle sut se rendre irremplaçable. Comme elle, je voulais contrôler les maisonnées et faire en sorte que les gens se sentent paresseux et gâtés sans jamais le dire ouvertement. « Vous n'avez pas déjà mangé des chips hier ? » demandait-elle, en regardant d'un air sévère le seau de la taille d'un tambour que mes sœurs et moi avions placé devant la télévision. Le fait de suggérer que les chips étaient un luxe excessif leur ôtait tout leur goût et signifiait qu'il y aurait moins de miettes à aspirer à la fin de la journée. Elle était finaude et travaillait très bien. Je lui vouais un culte.

Debout dans le salon de Martin, la sueur dégoulinant sur mon visage, je me demandai comment Lena aurait réagi si l'un d'entre nous avait baissé son pantalon et s'était mis à se masturber devant un film intitulé *Fort Bites*. A l'époque, nous n'avions pas la vidéo, mais si ç'avait été le cas, j'imagine qu'elle aurait dit exactement la même chose que moi : « Je n'ai pas de magnétoscope. » *Moi*, cela m'aurait arrêté net, mais de toute évidence ce type n'était pas de la même trempe.

Taf, taf, taf. Taf, taf, taf. Le bras de Martin battait contre un journal étalé à côté de lui, et je mis l'aspirateur en marche pour couvrir le bruit. Il était hors de question pour moi de tenir compte de lui ou de la télévision, et je gardai la tête baissée, repassant au même endroit jusqu'au moment où, l'épaule endolorie, je changeai de bras. *Fais comme si de rien n'était*, me dis-je à moi-même, mais c'était autre chose que de vouloir se convaincre que le musicien du wagon de métro ou le cinglé assis à côté de vous au comptoir d'un restaurant n'existaient pas. Comme la toux d'un malade, les efforts de Martin répandaient des germes de honte débilitante qui se promenaient dans la pièce en quête d'un nouvel hôte. C'était vraiment une chose terrible d'être à côté de la plaque, de s'exposer et de faire une avance sans être payé de retour. Je songeai à la ménagère ouvrant la porte, les seins nus, au livreur homo d'UPS, à tous ces articles qui vous suggèrent de faire une surprise à un être cher en lui servant le dessert nu comme comme un ver ou en lui offrant un strip-tease inattendu. On ne vous dit jamais ce qu'il faut faire au cas où la personne quitte la pièce ou vous regarde avec un mélange de dégoût et de pitié qui, dix, vingt, cinquante ans après, vous fera rougir encore dès que vous y penserez. J'avais une certaine expérience dans ce rayon et, avec les démonstrations déprimantes et aberrantes de Martin, tout remonta à la surface. Je pensai à la fois où... Et à la fois où...

Taf, taf, taf. Taf, taf, taf.

C'était maintenant le genre de masturbation qui est plutôt un exercice de volonté que de plaisir. Vous avez bien envie de laisser tomber mais, nom de Dieu, vous êtes le genre d'homme qui va jusqu'au bout de son travail, même s'il consiste à se ridiculiser devant un inconnu ou à passer l'aspirateur dans un salon. Vous vous dites *Je vais finir ça, je vais finir ça.* Et c'est ce qu'il fit, au bout d'un moment, atteignant l'orgasme avec un long gémissement lugubre. Le journal cessa de bruire sous son bras, le magnétoscope fut éteint et, ayant remonté son short, il fila dans sa chambre. Je ne m'attendais pas à le voir ressortir et, à ma grande surprise, il revint quelques instants plus tard avec une liasse de billets.

« Vous pouvez arrêter de passer l'aspirateur.

— Mais je n'ai pas fini.

— Je pense que si », dit-il.

Puis il fit quelques pas vers moi et commença à me donner de l'argent. « Vingt, quarante, soixante, quatre-vingts... » Il comptait doucement, d'une voix différente de celle qu'il avait eue au cours des deux heures précédentes. Celle-là était plus sonore et passive, teintée du genre de soulagement que l'on éprouve après avoir longuement joué un rôle. « Cent dix, cent vingt... » Il compta jusqu'à deux cents, ce qui représentait six fois plus que ce que j'aurais dû gagner. « Ça va ? demanda-t-il et, sans me laisser le temps de répondre, il termina en rajoutant un pourboire de trente dollars.

— J'ai une question à vous poser », dis-je.

En relatant le reste de l'histoire, j'aurais toujours plus de difficulté avec la suite, en partie parce qu'elle était si invraisemblable, mais surtout parce que, entre la prise de sang et les cinq couvertures, c'était tout simplement trop. Je pensais que Martin avait entendu parler de moi dans le *New York Times,* et c'était le cas. Il avait lu l'article, noté mon nom sur un bout de papier et cherché dans l'annuaire. Il avait également, semblait-il, recopié le numéro d'un service de ménage érotique qu'il avait trouvé au dos d'un magazine porno. Les noms et les numéros s'étaient mélangés et il avait appelé en croyant que j'étais le jouet sexuel. Ce genre de choses arrivent, je suppose, mais on peut penser qu'en me voyant il aurait compris son erreur. Je n'ai jamais eu affaire à un service de ménage érotique, mais quelque chose me dit que les employés sont recrutés pour leur physique plutôt que pour leur savoir-faire avec un aspirateur. Quelque chose me dit qu'ils ne font le ménage qu'en surface.

Pendant des semaines je me demanderais pourquoi Martin avait toléré mon attitude. Il me semble que, à bout de patience, il aurait dû me dire tout simplement ce qu'il voulait, mais pour cela il aurait fallu être doté d'un tempéremment différent, d'une simplicité dont nous n'étions capables ni l'un ni l'autre. Dans le dictionnaire des expressions détournées, « FIRE ISLAND » signifie : « Branlons-nous ensemble », tandis que « Qui votre mère préfère-t-elle ? » se traduit par : « Si cela ne vous dérange pas, je préfère nettoyer la cuisine seul. » « Je n'ai pas de magnétoscope » équivaut à « Votre comportement me pose un problème » et « Vous pouvez toujours... vous voyez » signifie : « Je crois que vous devriez maintenant vous déshabiller. » « Et si on recherchait le taux de sucre que vous avez dans le sang ? » – ça, c'était juste du délire.

Je pris mon sac et Martin me raccompagna jusqu'à la porte.

« Il faudra qu'on recommence un jour, dit-il, ce qui signifiait que nous n'allions jamais nous revoir.

— Ce serait bien », répondis-je.

Il tendit sa main tiède et poisseuse et, dans un esprit fraternel, je l'acceptai.

La fin d'une liaison

Un soir d'été, à Paris, Hugh et moi étions allés voir *La Fin d'une liaison*, adaptation par Neil Jordan du roman de Graham Greene. J'avais du mal à garder les yeux ouverts parce que j'étais fatigué et pas complètement pris par le film. Hugh avait du mal à garder les yeux ouverts essentiellement parce qu'ils étaient quasi collés ensemble tant ils étaient gonflés : il sanglota du début à la fin et quand nous quittâmes le cinéma, il était complètement déshydraté. Je lui demandai s'il pleurait toujours en voyant des comédies et il me reprocha d'être grossièrement insensible, accusation que je m'efforce de requalifier en simplement odieux.

Avec le recul, j'aurais dû savoir qu'il valait mieux ne pas aller voir une histoire d'amour avec Hugh. Ce genre de films représentent toujours un danger, car contrairement à la guerre contre les extraterrestres ou à la traque secrète d'un tueur en série, l'amour est une chose dont la plupart des adultes ont vraiment eu l'expérience une fois dans leur vie. C'est un thème universel qui encourage le spectateur à effectuer un certain nombre de comparaisons négatives et, en fin de compte, à poser la question suivante : « Pourquoi *notre* existence ne peut-elle pas ressembler à ça ? » C'est une boîte qu'il vaut mieux ne pas ouvrir et tout le soin qu'on met à l'éviter explique le succès ininterrompu des histoires de vampires et des spectacles d'arts martiaux.

La Fin d'une liaison me donnait l'impression d'être un véritable crapaud. Dans le film, le couple vorace était interprété par Ralph Fiennes et Julianne Moore, qui ne s'interdisaient qu'une seule chose : s'entre-dévorer. Leur amour était condamné et clandestin, et même quand les bombes pleuvaient, ils étaient radieux. Le film étant plutôt intellectuel, je fus surpris de voir le réalisateur employer un procédé le plus souvent réservé aux fictions télévisuelles : tout va pour le mieux jusqu'au moment où l'un des personnages tousse ou éternue, ce qui signifie que dans les vingt minutes il ou elle sera mort. Il en serait peut-être allé autrement si Julianne Moore s'était mise soudainement à saigner des yeux, mais tousser, en soi et pour soi, est terriblement terre à terre. Quand effectivement elle se mit à tousser, Hugh se mit à pleurer. Quand, moi, je toussai, il me donna un coup dans l'épaule et me dit de changer de place. « J'espère qu'elle ne va pas tarder à mourir », chuchotai-je. J'ignore si c'était leur beauté ou leur passion, mais quelque chose chez Julianne Moore et Ralph Fiennes me mettait sur la défensive.

Je ne suis pas aussi indifférent que Hugh m'accuse de l'être, mais les choses changent quand on est ensemble depuis plus de dix ans. On fait rarement des films sur les vieux couples et ce, pour une excellente raison : nos vies sont ennuyeuses. La phase de séduction a eu son heure de gloire, et à présent nous sommes devenus la Deuxième Partie prévisible que nul de sensé n'a envie de payer pour voir. (« Regarde, ils ouvrent leur facture d'électricité ! ») Hugh et moi sommes ensemble depuis si longtemps que pour susciter une passion extraordinaire il nous faut nous engager dans un combat physique. Un jour, il m'a frappé sur la nuque avec un verre à vin cassé et je suis tombé par terre en faisant semblant d'être évanoui. C'était romantique, ou plutôt c'eût été romantique s'il s'était précipité vers moi au lieu d'enjamber mon corps pour aller chercher la pelle.

Vous allez trouver que je manque d'imagination, mais je ne vois toujours pas avec qui d'autre je préférerais vivre. Dans les mauvais jours, je me dis que les choses finiront par s'arranger. Autrement, je n'accorde pas beaucoup d'importance à nos problèmes. L'un comme l'autre, nous n'aimons pas étaler notre affection en public ; nous sommes ainsi faits. Nous sommes incapables de parler d'amour sans passer par l'intermédiaire de marionnettes et nous ne nous mettons jamais à table pour nous entretenir de notre couple. Pour moi, c'est une excellente chose. Ça l'était pour Hugh aussi, jusqu'au moment où il a vu ce fichu film qui lui a rappelé qu'il existait d'autres possibilités.

Le film s'acheva vers dix heures et nous allâmes ensuite prendre un café dans un petit bistro en face du Jardin du Luxembourg. J'étais prêt à effacer le film de ma mémoire, mais Hugh était resté sous son influence. A le voir, on aurait dit que sa vie ne lui avait pas seulement échappé, mais qu'elle s'était arrêtée pour lui cracher au visage. Notre café arriva et, tandis qu'il se mouchait dans une serviette, je l'encourageai à voir les choses du bon côté. « Ecoute, lui dis-je, nous ne vivons pas à Londres pendant la guerre mais, en termes de menace terroriste, Paris n'est pas mal non plus. Nous adorons tous les deux le bacon et la musique country, que peux-tu désirer de plus ? »

Que pouvait-il désirer de plus ? C'était une question incroyablement stupide et comme il ne répondait pas, je me rappelai à quel point, vraiment, j'ai de la chance. Les héros de cinéma peuvent bien se poursuivre dans le brouillard ou descendre en courant les escaliers d'immeubles en flammes, mais ça c'est bon pour les débutants. Le véritable amour consiste à cacher la vérité, alors même que se présente à vous l'occasion parfaite de blesser l'autre. Je voulus dire quelque chose de cet ordre-là, mais les marionnettes étaient restées à la maison dans leur tiroir. Alors, j'approchai ma chaise de quelques centimètres et nous demeurâmes silencieux à notre petite table en terrasse, semblables, à tous points de vue, à deux amoureux.

Répète après moi

Ma sœur et moi avions déjà organisé ma prochaine visite à Winston-Salem, mais nous n'avions mis au point les détails que la veille de mon arrivée, lorsque je lui avais téléphoné d'un hôtel à Salt Lake City.

« Je serai au travail quand tu vas arriver, dit-elle, alors je pense que je vais simplement laisser la clef sous le ot de leur à côté de la orte de rière.

— Le quoi ?

— Ot de leur. »

Je crus d'abord qu'elle avait la bouche pleine mais je finis par comprendre qu'elle employait un langage codé.

« Qu'est-ce qui t'arrive, tu te crois sur écoutes dans une clinique de désintox ? Pourquoi est-ce que tu ne me dis pas tout simplement où tu mets cette foutue clef ? »

Elle baissa la voix et chuchota : « Je ne sais pas si je peux avoir confiance en ces machins.

— Tu te sers d'un portable ?

— Mais non, répondit-elle. C'est un sans-fil ordinaire, mais tout de même, il faut se méfier. »

Comme je suggérais qu'elle n'avait *aucune* raison

de se méfier, Lisa reprit une voix normale pour dire : « Vraiment ? Mais on m'a dit... »

Ma sœur est du genre à regarder religieusement les émissions régionales de Eyewitness News, qui cultivent la peur chez le public, pour n'en retenir que les gros titres. Elle se souvient que la compote de pommes peut être mortelle mais elle oublie que pour mourir, il faut se l'injecter directement dans les veines. Les rumeurs selon lesquelles, avec les portables, n'importe qui peut écouter les conversations, se confondent avec l'augmentation statistique des cambriolages et des tumeurs au cerveau, signifiant pour elle que toute forme de communication à distance représente une menace de mort potentielle. Si elle ne l'avait pas vu à la télévision, elle l'avait lu dans une revue de défense du consommateur ou elle en avait entendu parler de troisième main par l'amie d'une amie d'une amie dont l'oreille avait pris feu pendant qu'elle composait le numéro de son répondeur téléphonique. Tout est dangereux tout le temps, et si quelque chose n'avait pas encore été rendu public, c'était forcément parce qu'il y avait une enquête en cours – voilà.

« D'accord, dis-je, mais peux-tu me préciser *quel* ot de leur ? La dernière fois que je suis venu, tu en avais plusieurs.

— Le ouge, me dit-elle. Enfin... il est oug*eâtre*. »

J'arrivai chez Lisa le lendemain en fin d'après-midi, trouvai la clef sous le pot de fleurs, et entrai par la porte de derrière. Un long message écrit laissé sur la table basse m'indiquait la manière de faire marcher tous les appareils depuis la télévision jusqu'au moule à gaufres, le mode d'emploi scrupuleusement détaillé s'achevant toujours par la phrase : « *N'oublie pas d'éteindre et de débrancher après utilisation.* » Au bas de la page trois, un post-scriptum m'expliquait que si l'appareil en question n'avait pas de prise – le lave-vaisselle, par exemple – je devais, avant de quitter la pièce, m'assurer que son cycle était terminé et qu'il était froid. Le message témoignait d'une hystérie grandissante et son sens sous-jacent hurlait : *Oh-mon-Dieu-il-va-rester-seul-chez-moi-pendant-près-d'une-heure*. Elle avait laissé son numéro au bureau, le numéro du bureau de son mari, et le numéro de sa voisine, ajoutant qu'elle ne la connaissait pas très bien et qu'il valait donc peut-être mieux ne pas la déranger sauf en cas d'urgence. « P-P-S. : Elle est baptiste, alors ne lui dis pas que tu es homo. »

La dernière fois que je me suis trouvé seul chez ma sœur, elle vivait dans un immeuble en brique blanche occupé par des veuves et des vieilles filles. C'était la fin des années soixante-dix, époque à laquelle on était censé dormir dans des dortoirs. L'université n'avait pas tenu les promesses qu'elle en attendait, et après deux ans passés en Virginie, elle était rentrée à Raleigh, où elle travaillait dans une cave à vins. C'était une existence plutôt normale pour une fille de vingt et un ans, le problème c'est qu'elle n'avait pas prévu d'arrêter ses études. Pire encore, ce n'était pas ce qui avait été prévu *pour* elle. Dans notre enfance, on nous avait assigné certains rôles – meneur, glandeur, perturbateur, traînée – et ces fonctions nous indiquaient précisément qui nous étions. Etant l'aînée, la plus intelligente et la plus autoritaire, il était naturellement entendu que Lisa réussirait haut la main, qu'elle obtiendrait sa maîtrise dans l'art de la manipulation et qu'elle finirait par régner sur un pays de bonne taille. Elle avait toujours représenté pour nous une figure d'autorité et, si observer sa chute nous procurait un certain plaisir, nous étions également déstabilisés en constatant son peu d'assurance. Brusquement elle dépendait de l'opinion des autres, elle écoutait leurs conseils et se rétractait devant la moindre critique.

C'est vraiment ce que tu penses ? Vraiment ? On pouvait en faire ce qu'on voulait.

Ma sœur avait besoin de patience et de compréhension, mais la plupart du temps je me surprenais à vouloir la secouer. Si l'aînée ne jouait pas le rôle qui lui avait été attribué, quelle conséquence cela avait-il pour le reste d'entre nous ?

Lisa avait été étiquetée Future Gagnante, et c'était pour elle une source de confusion que de mettre en caisse des bouteilles de trois litres de bon vin rouge. Pour ma part, on m'avait catalogué comme paresseux et irresponsable, si bien qu'il était dans l'ordre des choses qu'à mon tour je laisse tomber l'université pour revenir vivre à Raleigh. Après avoir été viré de chez mes parents, j'allai habiter chez Lisa dans son immeuble en brique blanche. C'était un petit studio – l'équivalent adulte de sa chambre d'enfant – et le jour où je partis en laissant une chaîne stéréo cassée et une facture de quatre-vingts dollars de téléphone, tout le monde s'accorda pour dire : « Mais qu'est-ce que tu croyais ? »

Je peux me réinventer devant des inconnus, mais à ce jour, pour ma famille, je reste celui qui risque à tout moment de mettre le feu à votre maison. Si je m'étais résigné au peu qu'on attendait de moi, Lisa luttait pour regagner son titre perdu. La cave à vins n'était qu'un accident de parcours et elle démissionna peu après en être devenue la directrice. Comme elle s'intéressait à la photographie, elle apprit toute seule à se servir d'un appareil, et finit par trouver un travail dans le rayon photo d'une grande société pharmaceutique où elle prenait des clichés de microbes et de virus et de gens réagissant aux microbes et aux virus. Le week-end, pour gagner un peu plus d'argent, elle photographiait des mariages, ce qui n'exigeait pas vraiment un gros effort. Elle se maria à son tour et quitta la société pharmaceutique afin de passer un diplôme d'anglais. Quand on lui dit qu'il y avait peu de demandes pour trente pages sur Jane Austen, elle obtint le droit d'ouvrir une agence immobilière. Quand on lui dit que le marché de l'immobilier était en baisse, elle retourna à ses études et choisit l'horticulture. Bob, son mari, trouva un travail à Winston-Salem, et ils déménagèrent. Ils avaient acheté une maison neuve sur trois niveaux dans une banlieue résidentielle. C'était étrange de me représenter ma sœur dans un environnement aussi adulte et ce fut un soulagement pour moi de constater que ni elle ni Bob ne lui accordaient beaucoup d'importance. La ville était assez agréable, mais la maison en elle-même semblait donner de l'âge aux choses. Dehors, vous aviez l'air, sinon jeune, du moins relativement insouciant. Dès qu'on pénétrait à l'intérieur, on avait aussitôt vingt ans de plus et un Plan d'Epargne Retraite.

La maison où habitait ma sœur ne donnant guère envie de fureter, je passai mon heure dans la cuisine à bavarder avec Henry. C'était la même conversation que lors de notre dernière entrevue, mais je la trouvais toujours extraordinaire. Il demanda comment je me portais, je répondis que j'allais très bien, après quoi, comme si un changement total s'était opéré en l'espace de quelques secondes, il reposa la même question.

De tous les éléments de la vie adulte de ma sœur – la maison, le mari, la passion soudaine pour les plantes –, Henry est le plus troublant. Techniquement parlant, c'est un amazone à front bleu, mais pour le commun des mortels, c'est juste un gros perroquet –

le genre qu'on pourrait voir perché sur l'épaule d'un pirate.

« Comment ça va ? » Au bout de la troisième fois, il donnait vraiment l'impression de vouloir savoir. J'approchai de sa cage avec une réponse élaborée et quand il plongea sur les barreaux je quittai la pièce en hurlant comme une petite fille.

« Henry t'aime bien », me dit ma sœur peu après.

Elle venait de rentrer de son travail à la jardinerie et délaçait ses tennis, assise à la table.

« Tu vois comment il ouvre les plumes de sa queue ? Il ne ferait jamais ça pour Bob. Pas vrai, Henry ? »

Bob était rentré du travail quelques minutes auparavant et était monté aussitôt passer un peu de temps en compagnie de son oiseau déplumé, un conure à joues vertes nommé José. Je m'étais dit que les deux animaux auraient pu vouloir échanger quelques propos, mais il se trouve qu'ils ne se supportaient pas.

« Ne *parle* même pas de José devant Henry », chuchota Lisa.

Le cri de l'oiseau de Bob nous parvint depuis le bureau du premier et le perroquet répondit par une succession d'aboiements aigus et perçants. C'était un truc que lui avait inspiré Chessie, le border collie de Lisa, et, le plus troublant, c'est qu'on croyait *vraiment* entendre un chien aboyer. De même que, quand il parlait anglais, on croyait vraiment entendre parler Lisa. C'était bizarre d'entendre la voix de ma sœur sortir d'un bec, mais je ne pouvais pas dire que cela me déplaisait.

« Qui a faim ? demanda-t-elle.

— Qui a faim ? » répéta la voix.

Je levai la main et elle offrit une cacahuète à Henry. En le voyant la prendre dans ses pattes, son ventre se gonflant jusqu'à presque toucher le perchoir, je comprenais ce qu'on pouvait trouver à un perroquet. Il y avait là un étrange petit patapouf qui vivait dans la cuisine de ma sœur, un auditeur plein de sympathie qui s'adressait continuellement à elle pour lui demander : « Alors, vraiment, comment vas-tu ? »

Je lui avais posé la même question et elle avait répondu : « Oh, ça va. Tu sais. » Elle a peur de me confier quelque chose d'important, sachant que je l'écrirai à la première occasion. Dans mon esprit, je suis comme un gentil brocanteur, je me sers de tous les menus objets qui me tombent sous la main, mais ma famille commence à voir les choses autrement. Leurs vies privées sont les soi-disant menus objets que je ramasse négligemment et ils en ont assez. De plus en plus souvent leurs histoires commencent par : « Tu dois jurer que tu ne répéteras jamais ça. » Je promets toujours, mais il est généralement entendu que mes promesses ne valent rien.

J'étais venu à Winston-Salem pour donner une conférence dans une université locale et également pour annoncer une nouvelle. Il arrive que, défoncé, vous vous amusiez à imaginer qui pourrait jouer votre rôle dans la version cinématographique de votre vie. Ce qui rend l'exercice amusant, c'est que personne ne songe vraiment à faire un film de votre vie. Lisa et moi avions cessé de nous défoncer et c'était donc d'autant plus difficile d'annoncer qu'on avait pris une option sur mon livre, ce qui signifiait, clairement, que quelqu'un allait faire un film de nos vies – pas un étudiant, mais un vrai réalisateur dont les gens connaissaient le nom.

« *Un quoi ?* »

J'expliquai qu'il était chinois et elle demanda si le film serait tourné en chinois.

« Non, répondis-je. Il vit aux Etats Unis. En Californie. Il vit ici depuis sa petite enfance.

— Alors quelle importance qu'il soit chinois ?

— Eh bien, dis-je. Il a... tu sais bien, une sensibilité.

— Oh ! là, là ! »

Je me tournai vers Henry pour lui demander de l'aide mais il émit un grondement.

« Alors maintenant, il faut qu'on soit dans un film ? »

Elle ramassa ses tennis et les jeta dans la buanderie.

« Bon, dit-elle, je te dis tout de suite qu'il n'est pas question d'entraîner mon oiseau là-dedans. »

Le film devait raconter nos années pré-perroquet, mais dès qu'elle eut posé le pied par terre, je me mis à réfléchir à qui pourrait jouer le rôle d'Henry.

« Je sais ce que tu penses, dit-elle. Et la réponse est non. »

Un soir, au cours d'un dîner, je fis la connaissance d'une femme dont le perroquet avait appris à imiter le distributeur de glaçons de son nouveau réfrigérateur.

« Voilà ce qui arrive quand on les laisse seuls », avait-elle dit.

C'était l'anecdote la plus déprimante qu'on m'eût racontée depuis un bon bout de temps et elle m'obséda pendant des semaines. Voilà une pauvre créature, née pour imiter ses voisins dans la jungle, réduite à reproduire les bruits d'appareils ménagers fabriqués par les hommes. Je répétai l'histoire à Lisa qui me dit que la solitude n'avait rien à voir là-dedans. Puis elle prépara un cappuccino, permettant ainsi à Henry de présenter une imitation parfaite du bruit que fait l'embout vapeur destiné à réchauffer le lait.

« Et il sait aussi faire le mixer », me dit-elle.

Elle ouvrit la porte de la cage et, comme nous prenions place autour des cafés, Henry glissa sur la table.

« Qui veut un baiser ? »

Elle tira la langue et, délicatement, il en accueillit le bout dans son bec. Je n'aurais pour rien au monde fait une chose pareille, non parce que c'était dégoûtant au-delà de tout, mais parce qu'il m'aurait salement mordu. Henry avait beau, à l'occasion, écarter les plumes de sa queue pour moi, il est entendu qu'il ne se montre loyal qu'envers une seule personne, et c'est, je pense, l'une des raisons pour lesquelles ma sœur éprouve une telle affection pour lui.

« C'était un bon baiser ? demanda-t-elle. Ça t'a plu ? »

J'attendais une réponse oui-ou-non et, à ma grande déception, je l'entendis répondre par exactement la même question : « Ça t'a plu ? » Oui, les perroquets parlent, mais, malheureusement, ils ne savent absolument pas ce qu'ils disent. Quand elle l'a eu, Henry parlait l'espagnol que lui avaient appris ceux qui l'avaient capturé. Quand on lui demandait s'il avait bien dormi la nuit, il répondait tout simplement « *Hola* » ou « *Bueno* ». Il passe par des phases au cours desquelles il montre une préférence pour un bruit ou pour une phrase, qu'il répète fréquemment avant de passer à autre chose. A la mort de notre mère, Henry apprit à pleurer. Lisa et lui se donnaient le signal de départ et ils partaient pour des heures. Quelques années plus tard, alors qu'elle subissait un revers dans ses études, elle lui apprit à devenir son supporter émotionnel. Quand je téléphonais, je l'entendais crier dans le fond : « Lisa, on t'aime ! » et « Tu vas y arriver ! », ce qui fut plus tard remplacé par un « Où sont mes clefs ? » beaucoup plus terre à terre.

Après avoir pris le café, Lisa et moi nous rendîmes à Greensboro où je donnai ma conférence. Enfin, où je devais lire des histoires qui avaient pour sujet les membres de ma famille. Après la lecture, je répondis à des questions à propos de ces derniers sans cesser de trouver vraiment étrange que ces inconnus en sachent autant sur mon frère et mes sœurs. La nuit, pour trouver le sommeil, il me faut me retirer de l'équation et faire semblant de croire que ceux que j'aime ont expressément choisi de se mettre à nu. Amy rompt avec son petit ami et publie un communiqué de presse. Paul évoque régulièrement ses fonctions intestinales dans des talk-shows qui passent dans la journée. Je ne suis pas le médium, je ne suis que le pauvre dactylographe coincé au milieu. L'illusion est beaucoup plus difficile à entretenir lorsque quelqu'un de la famille se trouve réellement assis *dans* les rangs du public.

Le jour suivant la lecture, Lisa prit un jour de congé maladie et nous fîmes des courses tout l'après-midi. Winston-Salem est une ville de centres commerciaux – tous de moyenne taille, bâtis autour d'un énorme supermarché. Il me fallait des cartouches de cigarettes à prix avantageux, et nous allâmes de centre commercial en centre commercial, en comparant les prix et en parlant de notre sœur Gretchen. Un an auparavant, elle avait acheté un couple de tortues chinoises carnivores au nez pointu et à la peau bizarrement translucide. Elles vivaient toutes les deux dans un enclos extérieur, relativement heureuses, jusqu'au jour où des ratons laveurs avaient creusé sous la clôture, et avaient dévoré les pattes avant de la femelle et les pattes arrière de son mari.

« C'est peut-être l'inverse, dit Lisa. Mais tu vois le tableau. »

Le couple survécut à l'attaque et continua à chasser les souris vivantes qui constituaient leur ordinaire, en se propulsant en avant comme deux Coccinelle à moitié décarrossées.

« Le plus triste de l'histoire, c'est qu'elle a mis deux semaines à s'en apercevoir, dit Lisa. Deux semaines ! »

Elle secoua la tête et rata notre bretelle de sortie.

« Je regrette, mais je ne comprends pas comment, quand on est responsable d'un animal de compagnie, on peut passer autant de temps sans remarquer ce genre de chose. Ce n'est pas normal. »

D'après Gretchen, les tortues n'avaient pas le souvenir de leurs membres disparus, mais Lisa n'en croyait pas un mot.

« Allons donc. Elles doivent au moins ressentir des douleurs fantômes. C'est vrai, comment une créature vivante pourrait-elle ne pas ressentir la perte de ses pattes ? Sincèrement, si ce genre de chose arrivait à Chessie, je ne sais pas comment je pourrais me regarder dans la glace. »

Ses yeux s'embuèrent et elle les essuya du revers de la main.

« Mon petit collie a une tique et je deviens folle. »

Lisa est une personne qui a un jour été témoin d'un accident de voiture et qui a dit : « J'espère qu'il n'y a pas de chien sur le siège arrière. » La souffrance humaine ne la perturbe pas trop, mais elle est capable de pleurer des jours entiers si on lui parle d'un animal malade.

« Tu as vu ce film sur ce Cubain ? demanda-t-elle. Il est passé pendant un certain temps mais je n'ai pas voulu y aller. On m'a raconté qu'un chien se fait tuer au cours des quinze premières minutes, alors je me suis dit, laisse tomber. »

Je lui rappelai que le héros mourait aussi, de façon horrible, du sida, et elle se gara au parking en disant : « Eh bien, j'espère que ce n'était pas un *vrai* chien. »

Je finis par acheter des cigarettes chez Tobacco USA, un magasin discount portant le nom d'un parc à thème. Lisa avait officiellement cessé de fumer dix ans auparavant et aurait pu recommencer s'il n'y avait pas eu Chessie qui, selon le vétérinaire, était prédisposé aux maladies pulmonaires.

« Je n'ai pas envie de lui provoquer un emphysème par tabagisme passif, mais j'aimerais bien perdre quelques kilos. Dis-moi la vérité, est-ce que tu me trouves grosse ?

— Pas du tout. »

Elle se tourna de côté et s'examina dans la vitrine du Tobacco USA.

« Tu mens.

— Mais n'est-ce pas ce que tu veux que je dise ?

— Oui. Seulement je veux que tu le penses vraiment. »

Mais je l'*avais* pensé. Ce n'était pas tant ses kilos en trop que je remarquais, que les vêtements qu'elle portait pour les dissimuler. Large pantalon flottant et chemises trop grandes qui descendaient à mi-cuisse : c'était le style qu'elle avait adopté depuis quelques mois, après qu'elle et son mari étaient allés à la montagne rendre visite aux parents de Bob. Lisa était assise près du feu et, comme elle tournait sa chaise vers le milieu de la pièce, son beau-père avait dit : « Que se passe-t-il, Lisa ? Trop forte ? La chaleur. Elle est trop forte ? »

Il avait essayé de se rattraper, mais c'était trop tard. Le mot avait déjà laissé son empreinte brûlante dans le cerveau de ma sœur.

« Est-ce qu'il faudra que je sois grosse dans le film ? demanda-t-elle.

— Bien sûr que non, dis-je. Tu seras juste... comme tu es.

— Comme je suis pour qui ? demanda-t-elle. Pour les Chinois ?

— Non, pas pour tous les Chinois. Pour un seul. »

D'ordinaire, si Lisa est à la maison un jour de semaine, elle aime lire des romans du XIXe siècle, et elle s'interrompt à une heure pour déjeuner et regarder *Matlock* à la télévision. Quand nos courses furent terminées, l'épisode du jour était déjà passé et nous décidâmes donc d'aller au cinéma – voir ce qu'elle voudrait. Elle choisit l'histoire d'une jeune Anglaise luttant pour rester heureuse tout en s'efforçant de perdre quelques kilos, mais pour finir elle confondit les centres commerciaux et nous parvînmes au mauvais cinéma, juste à temps pour voir *Tu peux compter sur moi*, le film de Kenneth Lonergan dans lequel un frère vagabond vient rendre visite à sa sœur aînée. D'ordinaire, Lisa est du genre à parler d'un bout à l'autre du film. Si un personnage met de la mayonnaise sur son sandwich au poulet, elle se penche et chuchote : « Un jour, pendant que je faisais ça, le couteau est tombé dans les cabinets. » Et puis elle reprend sa position dans son siège et je passe les dix minutes suivantes à me demander qui diable aurait l'idée de se faire un sandwich au poulet dans les toilettes. Ce film reflétait nos vies de façon si inquiétante que, autant que je m'en souvienne, elle en resta muette. Il n'y avait aucune ressemblance physique entre nous et les personnages principaux – le frère et la sœur étaient plus jeunes et avaient perdu leurs parents – mais, comme nous, ils étaient entrés dans le monde adulte en jouant les rôles usés et étouffants qui leur avaient été destinés dès l'enfance. De temps à autre l'un d'eux brisait ses chaînes, mais la plupart du temps ils n'agissaient pas selon leurs désirs mais selon les attentes qu'ils suscitaient. En résumé, un type se présente chez sa sœur et reste quelques semaines jusqu'à ce qu'elle le mette à la porte. Il n'y a chez elle aucune animosité, mais sa présence à ses côtés la contraint à penser à des choses auxquelles elle préférerait ne pas penser, et c'est en général ce que font tous les membres d'une même famille, du moins ceux que nous connaissons, ma sœur et moi.

En sortant du cinéma, nous laissâmes s'installer un long silence gêné. Entre le film que nous venions de voir et celui qu'on était sur le point de tourner, nous ressentions tous les deux le même malaise et la même timidité, comme si nous étions en train de passer une audition pour le rôle de nous-mêmes. Je me mis à raconter des petites choses que j'avais entendues au sujet de l'homme qui jouait le rôle du frère, mais je m'interrompis au bout de quelques phrases en disant que finalement ce n'était pas très passionnant. De son côté, elle ne trouvait rien non plus et donc, sans plus dire un mot, chacun de nous imagina des spectateurs morts d'ennui s'agitant dans leur fauteuil.

Sur le chemin du retour, nous nous arrêtames pour prendre de l'essence et nous étions en train de garer la voiture devant sa maison lorsqu'elle se tourna pour me raconter l'histoire que je considère aujourd'hui comme la quintessence de Lisa. « Un jour, dit-elle, j'étais en train de conduire. » L'incident commençait par un saut rapide au supermarché et s'achevait, de façon inattendue, avec un animal blessé fourré dans une taie d'oreiller et maintenu devant le pot d'échappement de sa voiture. Comme presque toutes les histoires de ma sœur, celle-ci provoqua une image mentale frappante qui saisissait un fragment de temps où ses actions paraissent à la fois d'une cruauté inimaginable et d'un naturel absolu. Les détails étaient choisis avec soin et le rythme construit par degrés, ponctué par une succession de pauses parfaitement maîtrisées. « Et ensuite... et ensuite... » Elle parvint à l'inexorable conclusion et, comme je commençai à rire, elle posa la tête contre le volant et s'effondra. Ce n'était pas le doux ruisseau de larmes que vous laissez couler en vous remémorant une action ou un événement isolés, mais l'explosion violente qui se produit quand vous comprenez que tous ces éléments sont liés, qu'ils forment une chaîne ininterrompue de culpabilité et de souffrance.

Instinctivement, je pris le carnet que j'ai toujours dans la poche et elle me saisit la main pour m'en empêcher.

« Si jamais, *jamais*, tu répètes cette histoire, je ne t'adresserai plus la parole. »

Dans la version cinématographique de nos vies, je me serais tourné vers elle pour la consoler, pour lui rappeler, pour la convaincre que le geste qu'elle avait décrit avait été bon et juste. Parce que c'était le cas. Elle est incapable d'agir autrement.

Dans la version *réelle* de nos vies, mon premier souci fut de lui faire changer d'avis.

« Oh, allez. C'est une histoire vraiment drôle et, de toute façon, *toi*, tu ne vas rien en faire. »

Ta vie, ton intimité, ton chagrin ponctuel – de toute façon, toi, tu ne vas rien en faire. Est-ce là le frère que j'ai toujours été, ou le frère que je suis devenu ?

Je craignais qu'en tournant le film le réalisateur se trompe en nous peignant moi et ma famille, mais à présent quelque chose de bien plus terrifiant me traversait l'esprit. Et s'il ne se trompait pas ?

Crépuscule. La caméra fait un panoramique sur une rue banale de banlieue, s'arrête sur une berline garée, où un petit homme cruel se tourne vers sa sœur secouée de sanglots pour lui dire : « Et si je me servais de l'histoire en disant que c'est arrivé à un ami ? »

Mais peut-être n'est-ce pas la fin. Peut-être, avant le générique, voyons-nous le même homme se lever de son lit en pleine nuit, passer devant la chambre de sa sœur et descendre dans la cuisine. La lumière s'allume et nous remarquons, à l'autre bout de la pièce, une grande cage couverte d'une nappe. Il s'approche sans faire de bruit et ôte la nappe, réveillant un perroquet d'Amazonie à front bleu, dont les yeux brillent d'une lueur rouge dans la soudaine lumière. Nous comprenons, à travers les événements qui ont précédé cet instant, que l'homme a quelque chose d'important à dire. Dans sa bouche, les mots sont privés de sens, alors il tire une chaise. La pendule indique trois heures du matin, puis quatre, puis cinq, il est assis devant l'oiseau coloré et, lentement, distinctement, il répète ces mots : « Pardonne-moi. Pardonne-moi. Pardonne-moi. »

Six à huit Noirs

Je n'ai jamais beaucoup aimé les guides touristiques si bien que, pour trouver mes marques dans une ville américaine inconnue, je commence en général par poser au chauffeur de taxi ou au concierge de l'hôtel une question idiote à propos du dernier recensement. Je dis « idiote » parce que ça ne m'*intéresse* pas vraiment de savoir combien de gens habitent à Olympia, dans l'Etat de Washington, ou à Columbus, dans l'Ohio. Ce sont des villes très bien, mais les chiffres n'ont aucun sens pour moi. Ma deuxième question peut porter sur la pluviométrie moyenne annuelle, ce qui, là encore, ne m'apprend rien des gens qui ont choisi de s'établir dans ce coin.

Ce qui m'intéresse vraiment, ce sont les lois locales sur les armes. Ai-je le droit de porter sur moi une arme dissimulée et, si oui, sous quelles conditions ? Quel est le temps d'attente pour une mitraillette ? Puis-je acheter un Glock 17 si je suis divorcé ou licencié depuis peu ? L'expérience m'a appris qu'il vaut mieux aborder ce sujet avec la plus extrême prudence, surtout si vous et le citoyen du coin vous trouvez seuls et confinés dans un espace relativement étroit. Un peu de patience, cependant, et vous pouvez repartir avec d'excellentes histoires. J'ai appris, par exemple, qu'au Texas et dans le Michigan la loi autorise les aveugles à chasser. Au Texas, ils doivent être accompagnés d'une personne voyante, mais on m'a dit que dans le Michigan ils peuvent y aller seuls, ce qui soulève la question suivante : comment font-ils pour trouver ce qu'ils ont abattu ? Et ensuite, comment le rapportent-ils chez eux ? Les aveugles du Michigan sont-ils également autorisés à conduire ? Je pose des questions sur les armes non parce que je veux en acheter une mais parce que les réponses varient très largement d'un Etat à l'autre. Dans un pays devenu de plus en plus homogène, je trouve réconfortantes ces dernières jolies touches de régionalisme.

Les armes à feu ne sont pas vraiment un problème en Europe, si bien que lorsque je voyage à l'étranger, ma première question porte généralement sur les animaux de ferme. « Que dit votre coq ? » est une bonne façon de briser la glace, car chaque pays propose une interprétation qui lui appartient en propre. En Allemagne, où les chiens font « vow-vow » et où la grenouille comme le canard disent « quack », le coq accueille l'aube avec un chaleureux « kik-a-riki ». Les coqs grecs font « kiri-a-kee » et en France ils lancent « coco-rico », un cri évoquant un de ces horribles cocktails tout préparés avec un pirate dessiné sur l'étiquette. En apprenant que le coq américain dit « cock-a-doodle-doo », mes hôtes me regardent avec incrédulité et compassion.

« Quand ouvrez-vous vos cadeaux de Noël ? » est une autre bonne façon d'entamer la conversation, car, à mon sens, la réponse révèle beaucoup du tempérament national. Les gens qui, traditionnellement, ouvrent les cadeaux la veille de Noël, semblent un peu plus croyants et centrés sur la famille que ceux qui attendent le matin de Noël. Ils vont à la messe, ouvrent leurs cadeaux, réveillonnent, retournent à l'église le lendemain matin et consacrent le reste du jour à prendre un autre copieux repas. Les cadeaux sont en général réservés aux enfants et les parents évitent les débordements. Ce n'est pas ce que je voudrais pour moi, mais je suppose que c'est parfait quand on préfère la nourriture et la famille aux choses qui ont une valeur réelle.

En France et en Allemagne on échange les cadeaux la veille de Noël, tandis qu'aux Pays-Bas les enfants ouvrent leurs présents le 6 décembre, jour où l'on célèbre la Saint-Nicolas. Cette tradition m'avait paru originale jusqu'au jour où je parlai avec un dénommé Oscar qui m'expliqua certains détails tandis que nous marchions de mon hôtel à la gare ferroviaire d'Amsterdam.

Au contraire du jovial et obèse Père Noël américain, saint Nicolas est atrocement maigre et s'habille à peu près comme le pape, la robe surmontée d'un grand chapeau semblable à un couvre-théière brodé. Ce costume, me dit-il, est un rappel de sa carrière précédente, alors qu'il était évêque de Turquie.

« Pardon, dis-je, pourriez-vous répéter ? »

Nul ne tient à être trop culturellement chauvin mais, à mon sens, ça clochait complètement. Pour commencer, le Père Noël n'avait pas eu de *métier*. Il n'a pas pris sa retraite et, plus important, il n'a rien à voir avec la Turquie. C'est trop dangereux, là-bas, et les gens n'auraient pour lui aucune sympathie. Quand je lui demandai comment il était passé de la Turquie au pôle Nord, Oscar me dit avec la plus totale conviction que saint Nicolas vivait actuellement en Espagne, ce qui, là encore, n'est tout simplement pas vrai. S'il a probablement la possibilité de vivre où il veut, le Père Noël a choisi le pôle Nord précisément parce que c'est une région âpre et isolée. Personne ne peut venir l'espionner et il n'a pas à craindre qu'on vienne frapper à la porte. En Espagne, tout le monde peut venir frapper à la porte, et dans ce costume il serait sans aucun doute tout de suite reconnu. Pour couronner le tout, hormis quelques civilités, le Père Noël ne connaît pas un mot d'espagnol. « Bonjour. Comment ça va ? Tu veux des bonbons ? » Parfait. Il en sait assez pour se débrouiller, mais il ne parle pas couramment et il ne mange sûrement pas de tapas.

Tandis que notre Père Noël vole sur un traîneau, la version hollandaise arrive en bateau puis monte sur un cheval blanc. L'événement est retransmis à la télévision et d'immenses foules se rassemblent sur le rivage pour l'accueillir. Je ne sais pas si cela se passe à date fixe, mais il accoste en général à la fin du mois de novembre et se promène, plusieurs semaines durant, d'un lieu à l'autre en demandant aux gens ce qu'ils désirent.

« Il est tout seul ? demandai-je. Ou bien est-ce qu'il vient avec un renfort ? »

Oscar parlait un anglais presque parfait, mais il parut désarçonné par un terme normalement réservé aux forces de police.

« Des aides ? Est-ce qu'il a des elfes ? »

Peut-être suis-je hypersensible, mais je ne pus m'empêcher de le prendre pour moi quand Oscar qualifia cette idée même de grotesque et de totalement irréaliste.

« Des elfes, dit-il. C'est tellement idiot. »

Les mots *idiot* et *irréaliste* trouvèrent une définition nouvelle quand j'appris que saint Nicolas se déplace en compagnie de ce qui, en toute logique, fut décrit comme « six à huit Noirs ». Je demandai à plusieurs Hollandais de préciser, mais aucun d'entre eux ne parvint à me donner un chiffre exact. C'est toujours « six à huit », chose étrange vu qu'ils ont eu des centaines d'années pour faire le compte exact.

Les six à huit Noirs étaient censés représenter des esclaves jusqu'au milieu des années 50 où, le climat politique ayant changé, on décida que, plutôt que des esclaves, c'étaient des amis. Je crois que l'Histoire a prouvé qu'il se passe habituellement quelque chose entre l'esclavage et l'amitié, une période marquée non par des gâteaux et des heures de calme au coin du feu, mais par des effusions de sang et une hostilité réciproque. Les gens sont très violents aux Pays-Bas mais, au lieu de régler la question entre eux, le Père Noël et ses anciens esclaves ont décidé de se venger sur le public. Autrefois, quand un petit enfant était vilain, saint Nicolas et les six à huit Noirs le battaient avec ce qu'Oscar me décrivit comme « une petite branche d'arbre ».

« A la baguette ?

— Oui, dit-il. C'est ça. Ils lui donnaient des coups de pied et des coups de baguette. Et si l'enfant était vraiment méchant, ils le mettaient dans un sac et l'emmenaient en Espagne.

— Et vous, saint Nicolas vous donnait des *coups de pied* ?

— Non, c'est fini, dit Oscar. Maintenant, il fait juste *semblant* de donner des coups de pied. »

Il considérait que c'était progressiste mais, d'une certaine façon, je trouve que c'est presque plus pervers que le châtiment original. « Je vais te faire mal, mais pas pour de vrai. » Combien de fois avons-nous cru à cette phrase ? La fausse claque vous gifle invariablement, ajoutant le choc et un sentiment de trahison à ce qui était auparavant de la bonne vieille peur. Quel est ce saint Nicolas qui passe son temps à faire semblant de vous donner des coups de pied avant de vous fourrer dans un sac en toile ? Et puis, bien sûr, il y a les six à huit anciens esclaves qui potentiellement peuvent exploser d'une seconde à l'autre. Là, je crois, est la véritable différence entre nous et les Hollandais. Si une certaine portion de notre population peut très bien trouver son bonheur dans cette situation, dites à un Américain moyen de race blanche que six à huit Noirs inconnus vont pénétrer chez lui au milieu de la nuit, il va barricader sa porte et s'armer de tout ce qui lui tombera sous la main.

« Vous avez dit, *six à huit* ? »

Avant le chauffage central, les enfants hollandais laissaient leurs souliers devant la cheminée, avec la promesse que, à moins qu'ils aient prévu de vous battre, de vous donner des coups de pied ou de vous fourrer dans un sac, saint Nicolas et les six à huit Noirs rempliraient leurs sabots de cadeaux. Hormis les menaces de violences physiques et d'enlèvement, ce n'est guère différent de la tradition qui veut qu'on accroche sa chaussette à la cheminée. Maintenant que les gens sont si peu nombreux à posséder une cheminée, on dit aux petits Hollandais de laisser leurs souliers près du radiateur, de la chaudière ou du poêle. Saint Nicolas et les six à huit Noirs arrivent montés sur des chevaux qui bondissent de la cour sur le toit. A ce stade, me semble-t-il, soit ils redescendent de la même façon pour entrer par la porte, soit ils ne bougent plus et disparaissent par les tuyauteries et les fils électriques. Oscar ne se montra pas très précis sur ces détails, mais, vraiment, comment le lui reprocher ? Nous avons le même problème avec notre Père Noël. Il est censé passer par la cheminée, mais si vous n'en avez pas, il se débrouille quand même pour entrer. Mieux vaut ne pas trop réfléchir à tout ça.

Certes, huit rennes volants, c'est dur à avaler, mais notre histoire de Noël demeure relativement banale. Le Père Noël vit avec sa femme au pôle Nord, dans un village isolé, et passe une nuit par an à faire le tour du monde. Si vous êtes méchant, il vous laisse du charbon. Si vous êtes gentil et que vous habitez aux Etats-Unis, il vous laisse à peu près tout ce que vous désirez. Nous disons à nos enfants d'être sages et nous les envoyons au lit où ils restent les yeux ouverts, à attendre leur immense butin. Un parent hollandais doit raconter une histoire nettement plus inquiétante et dire à ses enfants : « Ecoutez, il faudrait peut-être préparer quelques affaires avant d'aller vous coucher. L'ancien évêque de Turquie va venir ce soir accompagné de six à huit Noirs. Il se peut qu'ils mettent des bonbons dans vos souliers, mais il se peut qu'ils vous fourrent dans un sac et vous emmènent en Espagne ou qu'ils fassent juste semblant de vous donner des coups de pied. Nous ne sommes sûrs de rien, mais nous préférons que vous soyez prêts. »

C'est ainsi qu'on vous récompense de vivre aux Pays-Bas. Enfant, on vous raconte cette histoire et, devenu adulte, c'est votre tour de la répéter. En prime, le gouvernement a légalisé la drogue et la prostitution – alors qui irait se plaindre d'être hollandais ?

Oscar acheva son histoire à l'instant où nous arrivions devant la gare. C'était un garçon sympathique – un excellent compagnon –, mais quand il proposa d'attendre jusqu'à l'arrivée de mon train, je le suppliai de n'en rien faire, prétextant que je devais donner quelques coups de fil. Assis seul dans cette vaste gare sonore, entouré de milliers de Hollandais courtois et certainement très intéressants, je ne pus m'empêcher de me sentir en état d'infériorité. Oui, les Pays-Bas étaient un petit pays, mais ce pays avait six à huit Noirs et une excellente histoire à raconter le soir au chevet du lit. Etant quelqu'un d'assez porté sur la compétition, j'éprouvai un sentiment de jalousie, puis d'amertume. Je commençais à ressentir de l'hostilité lorsque je me souvins du chasseur aveugle marchant seul dans la forêt du Michigan. Il pouvait abattre un chevreuil, ou bien joyeusement loger une balle dans le ventre d'un campeur. Il pouvait retrouver sa voiture ou errer pendant une semaine ou deux avant de s'effondrer devant votre porte. Rien n'est certain mais, avec cette liberté dont il est l'exemple, il inspire le genre d'histoires grâce auxquelles, en fin de compte, je me sens fier d'être américain.

Le coq se maque

La nuit de la naissance du coq, mon père se glissa dans ma chambre pour m'apprendre en personne la nouvelle. J'avais onze ans et j'étais à peine réveillé, mais quand même je reconnus là l'instant viril suprême : le patriarche venu annoncer à son premier-né qu'un autre joueur allait entrer dans l'équipe. En regardant ma chambre, le vase de roseaux joliment disposé à côté d'une coupe de pot-pourri, il aurait dû comprendre que je ne jouais pas dans son équipe. Pas même une fille n'aurait décoré de découpages vernis ses propres prises électriques, mais, jugeant que le sujet était trop douloureux, mon père joua le jeu d'un bout à l'autre, allant même jusqu'à m'offrir un cigare enveloppé de plastique, avec une bague imprimée disant C'EST UN GARÇON. Il en avait acheté deux, un pour lui, un pour moi. Le mien était en chewing-gum, mais le sien était un vrai.

« J'espère que tu ne vas pas fumer ça ici », dis-je. Normalement, ça m'aurait été égal, mais je venais de vaporiser de l'antitaches sur les rideaux.

Au cours des six premiers mois, mon frère, Paul, ne fut qu'une masse indistincte, puis une poupée que mes sœurs et moi pouvions langer et habiller à notre guise. En lui mettant les vêtements appropriés, il était facile d'oublier le minuscule pénis qui gisait entre ses jambes tel un champignon en conserve. Avec un peu d'imagination et quelques accessoires bien choisis, il devenait Paulette, la petite Française boudeuse ; Paola, la *bambina* à perruque brune fraîchement sortie de sa Toscane natale ; Pauline, la hippie cool. Il se laissa faire tant qu'il resta un bébé sans volonté, mais vers l'âge de dix-huit mois il avait mis à mal la théorie selon laquelle on peut rendre quelqu'un homosexuel. En dépit de tous nos efforts, la bague du cigare n'avait pas menti. Notre frère était un garçon. Il hérita de mes accessoires de sport, restés dans leur emballage d'origine, et descendit dans la rue avec des amis en chair et en os, pour jouer aux jeux du moment. S'il gagnait, super, et s'il perdait, aucune importance.

« Mais tu ne vas pas pleurer ? lui demandions-nous. Pas même un petit peu ? »

Nous tentâmes de lui démontrer les bénéfices qu'il pouvait tirer d'un bon ruisseau de larmes – la détente qu'il procurait, la compassion qu'il provoquait – et il nous rit au nez. Nous autres, nous étions tout le temps à pleurnicher, de vraies madeleines, mais pour lui la production de liquide se limitait à la sueur et à l'urine. Ses draps pouvaient bien se mouiller, l'oreiller restait toujours sec.

Dans n'importe quelles circonstances, Paul ne pensait qu'à vous faire une blague. Une étreinte chaleureuse, une sincère manifestation d'intérêt : dans des moments de faiblesse, nous tombions dans le piège, jurant ensuite de ne plus jamais lui faire confiance. La dernière fois que j'ai laissé mon frère me serrer dans ses bras, je suis monté dans l'avion de Raleigh pour New York sans savoir qu'il m'avait collé un papier au dos de mon blouson, une étiquette autocollante marquée « Salut ! Je suis Homo ». Et cela, après la partie de rigolade qu'avaient été les obsèques de notre mère.

Pour mes sœurs et moi, quitter la maison familiale fut comme une évolution naturelle – de jeunes adultes qui passent d'un environnement à un autre. Avec nous, le départ s'était effectué relativement sans douleur, mais avec Paul cela revenait à relâcher un animal domestique dans la jungle. Il savait composer un repas, mais il faisait preuve d'une impatience totale quand il s'agissait de se mettre aux fourneaux. Les repas congelés étaient souvent consommés tels qu'ils étaient vendus, le steak de Salisbury se résumant à un esquimau à la viande sans bâtonnet. Un soir, je téléphonai au moment où il plaçait un sachet familial d'ailes de poulet congelées contre la porte donnant derrière sa maison. Il avait oublié de les décongeler et tentait à présent à coups de pied de diviser la masse solide en trois portions de dix-huit centimètres qu'il avait l'intention d'empiler et de faire entrer de force dans son grille-pain...

J'entendis le bruit reconnaissable d'une botte en train d'écraser de la viande cristallisée et les halètements de mon frère : « Putain... de saloperie... d'ailes... de poulet. »

Je rappelai le lendemain soir et j'appris qu'après tout ce travail le poulet s'était abîmé. Il avait un goût de poisson, alors il l'avait jeté et il était allé se coucher. Quelques heures plus tard, ayant décidé que du poulet abîmé valait mieux que pas de poulet du tout, il s'était levé de son lit, il était sorti en caleçon et avait entrepris de manger les restes directement dans la poubelle.

J'étais mortifié.

« En *caleçon* ?

— Parfaitement, dit-il. Je vais pas m'habiller pour bouffer un poulet de merde qu'a le goût de *poisson.* »

Je m'inquiétais pour mon frère parce qu'il mangeait du poulet avarié, debout, en caleçon, éclairé par la lune. Je m'inquiétais parce qu'on m'avait raconté qu'il avait perdu connaissance dans un parking et qu'il s'était réveillé en trouvant les initiales d'une inconnue écrites au rouge à lèvres sur son cul, mais je ne me suis jamais inquiété de savoir comment il allait gagner sa vie. Il travaillait depuis le lycée et, à l'âge de vingt-six ans, il avait créé avec beaucoup de succès sa propre société de ponçage de parquets. Le travail physique est exigeant, mais le plus fatigant c'est encore les simagrées, les factures et les embauches, ainsi que les discussions interminables avec les clients indécis. Quand on lui demande comment il se débrouille pour que tout ce monde-là soit content, Paul insiste sur l'importance des compromis. « Parfois, explique-t-il, il faut prendre une bite dans ta bouche et la faire tourner un peu. Pas la peine de rien avaler, suffit de jouer avec un petit bout de temps. Tu vois ce que je veux dire ?

— Euh... *ouais.* »

A un âge où nous autres parvenions difficilement à payer le loyer, il avait acheté une maison. A trente-deux ans, il l'avait revendue pour acheter mieux, dans un quartier résidentiel de Raleigh *intra muros.* La maison et ses quatre chambres à coucher lui appartenaient, ainsi que les camions et les voitures de sport qui débordaient sur la pelouse qu'il payait pour faire tondre. Tout ça grâce à une philosophie des affaires qui s'appuyait sur l'art de la pipe.

Pour parler de sa maison, Paul disait : « La maison d'un clown embrouillé. » Mais, à l'œil nu, le clown semblait absolument sûr de son coup. Il y avait le tas d'excréments péteur à piles placé sur le manteau de la cheminée, le coq éponyme incrusté dans le sol du salon, les murs vert vif et les couteaux à viande musicaux. « Pas d'embrouille ici », disait-on en se prenant le pied dans un alligator en ciment. C'était une maison diablement grande pour un seul clown et je fus donc soulagé d'apprendre qu'une petite amie s'y était installée, accompagnée d'un vieux carlin baptisé Vénus.

Mon frère ne se tenait plus de joie : « Tu veux parler avec ? Quitte pas, je lui passe le téléphone. »

Je me préparai à entendre la voix d'une fille de Caroline du Nord, quelque chose comme celle de Paul en plus grave, au lieu de quoi me parvint ce qui ressemblait au bruit d'une scie taillant méthodiquement dans un tronc d'arbre. C'était Vénus. Des mois plus tard, il me passa leur nouveau chien au téléphone : un danois de six semaines baptisé Diesel. Je parlai aux chats de gouttière, aux chats domestiques et au porcelet adopté qui était une bonne idée jusqu'au jour où il commença à digérer de la nourriture solide. Quand je fis enfin connaissance de la petite amie, une coiffeuse diplômée nommée Kathy, ils vivaient ensemble depuis plus d'un an. Enlevez les tatouages et le patch de nicotine et elle ressemblait à ces Vierges flamandes empreintes de sérénité, dont l'Enfant Christ partout présent avait cédé la place à un carlin affecté de toux sèche. Sa grâce, son humour, ses pull-overs couverts de poils – elle nous conquit immediatement. Mieux, elle venait du Nord, autrement dit, si Paul et elle concevaient un enfant, celui-ci avait cinquante pour cent de chances de parler un anglais compréhensible.

Ils annoncèrent leurs fiançailles et choisirent de se marier à la fin du mois de mai, date idéale pour décevoir les Grecs. La cérémonie n'aurait pas lieu à l'église de la Sainte-Trinité mais dans un hôtel situé sur la côte de Caroline du Nord. Le mariage serait célébré par une médium dénichée dans l'annuaire et la musique fournie par un DJ nommé J.D. qui, en semaine, travaillait au pénitencier d'Etat.

« Oh, bon, soupira sa marraine. Je suppose que c'est ce que font les jeunes aujourd'hui. »

Je vins de Paris en avion deux jours avant le mariage. J'étais assis dans la cuisine chez mon père quand Paul arriva en costume-cravate. Un ancien camarade de lycée s'était suicidé et il s'était arrêté en rentrant des obsèques. Depuis la dernière fois que je l'avais vu, mon frère jadis mince avait pris une bonne trentaine de kilos. Tout semblait avoir engraissé en proportion, mais le plus gros s'était installé sur son visage et son torse, l'affublant de ce qu'il appelait la maladie Quemaqueue. « Mon ventre dépasse plus que ma queue. »

Le poids supplémentaire avait adouci certains traits et totalement englouti d'autres. Son cou, par exemple. Rendue indistincte par un double menton, sa tête semblait posée directement sur ses épaules et il marchait délicatement, comme pour l'empêcher de rouler par terre. Je voulus me convaincre que si je regardais mon frère d'un autre œil, c'était à cause du costume, pas à cause du poids. C'était un homme adulte à présent. Et sur le point de se marier. Il était donc une autre personne.

Il prit une gorgée du café clair que buvait mon père et recracha dans le gobelet.

« Cette merde c'est comme de baiser dans un canot.

— Je te demande pardon ?

— C'est vachement proche de l'eau. »

Mais si, en fin de compte, pensai-je, *c'est peut-être* bien *le poids.*

Tôt le lendemain matin, je me rendis sur la côte en voiture avec Lisa et son mari, Bob. Etant l'aînée, et seule à être mariée, elle avait en quelque sorte pris les commandes, endossant le double rôle de sœur expérimentée et de mère du marié. A eux seuls, les mots Paul, Kathy ou même Atlantic Beach suffisaient à faire jaillir un flot de larmes, suivi par un « J'ai bien cru ne jamais voir ce jour » étranglé. Dès Morehead City, elle pleura pratiquement sans interruption, émue par les symboles de notre jeunesse : « Oh ! Le pont ! La jetée ! Le mini-golf ! »

Paul devait se marier dans ce qui était autrefois le John Yancy et qui s'appelait aujourd'hui le Royal Pavilion. Les transformations avaient été radicales et le modeste hôtel de bord de mer d'autrefois s'enorgueillissait maintenant de salles de réception et d'un kiosque pour les mariages. Les serveuses portaient des nœuds papillon et conseillaient les scampi en expliquant que c'était italien. Si vous aviez passé les années 80 dans le coma, vous auriez peut-être été impressionné par les fausses colonnes et les gammes de couleurs pastel, mais les choses étant ce qu'elles étaient, il y régnait cette tristesse propre aux centres commerciaux.

Si la cérémonie devait se dérouler au Royal Pavilion, les invités, eux, dormaient à côté, à l'Atlantis, un motel de trois étages resté pratiquement inchangé depuis le début de l'ère spatiale. C'est là que nous passions nos week-ends de jeunes adultes, quand *foncer* à la mer signifiait *se défoncer* à la mer. Champignons, cocaïne, acide, peyotl : je ne m'étais jamais présenté à la réception sans être, à tout le moins, complètement raide, et en arrivant j'eus la surprise de retrouver le mobilier immobile.

Mon frère avait choisi l'Atlantis non pour sa valeur sentimentale, mais parce que les différents chiens de la famille étaient admis. Les amis de Paul, un groupe que nous appelions simplement « les Dandies », étaient eux aussi venus avec leurs chiens, lesquels hurlaient, gémissaient et grattaient contre les portes vitrées coulissantes. C'était toujours ainsi avec les gens qui n'avaient pas d'enfants, qui ne connaissaient même pas de gens qui avaient des enfants. La porteuse de fleurs était en chaleur. Pour le dîner de répétition, on nous servit des conserves et de la nourriture lyophilisée, et quand mon frère proposa de porter un toast à « sa magnifique chienne » tout le monde pensa qu'il parlait du carlin.

Une heure avant la cérémonie, les hommes de ma famille devaient se réunir dans la chambre de Paul, interdite aux femmes et aux Dandies. Je m'y rendis, prêt à faire l'expérience virile qu'on-ne-vit-qu'une-fois, et, avec le recul, c'est peut-être ce à quoi j'eus droit. Ma chambre était immaculée, mais l'obscurité régnait dans celle de Paul, jonchée d'os tel l'antre d'un animal. Il n'était arrivé que l'après-midi précédent, et déjà on avait l'impression qu'il vivait là depuis des années, se nourrissant de bière et de la chair de vagabonds enlevés sur la plage. J'étalai un journal et m'assis sur le lit pendant que mon père, qui était son témoin, fixait la ceinture de smoking de mon frère. Il était cinq heures, c'était l'un des plus beaux jours de leur vie, et tous les deux regardaient la télévision. Une chaîne câblée d'informations diffusait un reportage sur les inondations qui s'étaient produites dans une de ces villes lointaines absurdement bâties sur les rives d'un fleuve imprévisible. Les habitants entassaient des sacs de sable sur une digue. Une brouette flottait dans une rue de banlieue. « Et la pluie, disait le présentateur, la pluie tombe toujours. »

C'était peut-être un mensonge, mais j'avais entendu dire que, lors du tournage de *Gandhi*, le réalisateur avait engagé des figurants pour jouer des sacs de sable, qu'ils avaient vraiment coûté moins cher que des vrais. Voilà qui semblait une intéressante entrée en matière, mais, sans me laisser terminer ma première phrase, mon père me dit de la fermer.

« On essaie de regarder la télé, là. Tu permets ? »

Là-bas, dans la suite nuptiale, on mettait du maquillage que des larmes effaçaient systématiquement. Des choses importantes étaient dites et je ne pus réprimer la sensation de me trouver au mauvais endroit. Mon père fit tourner mon frère face à lui et, un œil sur l'écran, entreprit de lui nouer son nœud papillon.

« Avec toute cette eau, y a quelques parquets qui vont être complètement foutus, dit Paul. Ces petits salauds, il va leur falloir tout refaire, c'est moi qui vous le dis.

— Là, tu as complètement raison. »

Mon père aida le marié à enfiler sa veste et se tourna pour regarder une dernière fois les victimes des inondations.

« Bon. Allons nous marier. »

C'était une journée très remplie au Royal Pavilion. Le mariage de cinq heures avait pris du retard, et dans les coulisses nous vîmes un chapelain du corps des marines achever de marier un jeune couple séduisant âgé d'une vingtaine d'années. Lisa et Amy accordèrent au couple trois ans au maximum ; Gretchen et moi étions plus près de dix-huit mois et Tiffany suggéra que si nous voulions la bonne réponse, nous devions nous adresser au médium, qui, près d'un pin nain, faisait la conversation à la marraine de Paul. C'était une grande femme d'allure classique, aux cheveux teints couleur chair et aux ongles assortis. Des lunettes de soleil pendaient à son cou au bout d'une chaîne et elle en essuyait les verres tout en déclinant ses références. Il semblait qu'hormis lire les cartes le vendredi soir, elle savait aussi guérir le cancer, le diabète et les maladies cardiaques en touchant les malades à des endroits secrets, difficiles d'accès. « J'ai le don depuis l'âge de sept ans, dit-elle. Et croyez-moi, je suis très efficace dans mon domaine. »

Pour ce qui était des mariages, elle lisait l'avenir des futurs mariés, devinait leur moi le plus intime et utilisait ses trouvailles pour composer des vœux originaux, au sens personnalisé.

« Eh bien, moi, je trouve ça vraiment beau, dit Lisa.

— Je sais, dit la médium. Je sais. »

Les marines sortirent du kiosque en file indienne et nous allâmes nous y installer à notre tour.

« Pour qui se prend cette femme ? chuchota Lisa. C'est vrai, quoi, je voulais juste être polie.

— Je savais, dis-je. Je savais. »

J.D. le DJ était coincé dans les embouteillages, et la cérémonie commença sans la marche nuptiale préenregistrée. Lisa, c'était prévisible, se mit à brailler dès que la mariée apparut au bras de son père derrière le distributeur de Coca-Cola. Le chien l'imita et, bien décidé à ne pas me joindre à eux, je regardai derrière l'épaule de la médium, en direction d'un petit bout d'océan visible entre les arbres. C'était là que, vingt-deux ans auparavant, mon frère avait de justesse échappé à la noyade. Nous étions en train de chahuter au moment de la marée montante et, brusquement, nous nous étions retrouvés du mauvais côté des vagues, toujours plus loin de l'hôtel. Ce n'était pas normal d'être à une telle distance en mer et je m'étais mis à nager en direction du rivage, pensant que Paul était juste derrière moi.

« *Bienvenue, amis et parents*, dit la médium. *Nous voici*... (Elle regarda la mariée, qui dominait mon tout petit frère.) *Nous voici cet après-midi, sur la pointe des pieds, pour célébrer l'amour de... Paul et Kathy*. »

Il n'était pas censé se trouver dehors à pareille heure, surtout avec moi. « Il veut tout faire comme toi, disait ma mère. Pour l'amour du ciel, arrête un peu. » Quand on m'accusait d'entraîner mes sœurs, j'éprouvais toujours une pointe de honte, mais l'idée que je pouvais être le modèle d'un garçon de douze ans me plaisait beaucoup. En tant que frère aîné, c'était mon travail et j'aimais penser que je le faisais bien. J'avais parcouru ce qui me semblait la longueur d'un bassin de natation, puis je m'étais arrêté pour me retourner. Mais Paul n'était pas là.

« *Cet amour ne s'achète pas... en magasin*, dit la médium. *Il ne se trouve pas... sous un arbre, sous un... coquillage, ni même dans un*... (On voyait qu'elle cherchait désespérément toutes sortes de cachettes possibles.) *Même dans... un coffre à trésor enfoui des siècles auparavant dans... dans les îles historiques qui nous entourent*. »

Une grosse vague avait déferlé, et mon frère avait coulé, seul restant visible son bras droit dont le geste en langue des signes internationale signifiait : « Je vais mourir et c'est de ta faute. » J'avais fait demi-tour, en essayant de me rappeler les cours de secourisme que j'avais pris quelques années plus tôt au Country Club. *Pense*, m'étais-je dit. *Pense comme un homme*. Je m'étais efforcé de me concentrer, mais mon seul souvenir était le moniteur, un garçon athlétique de dix-sept ans appelé Chip Pancake. Je m'étais rappelé le nuage de taches de rousseur sur ses épaules larges et bronzées et ma petite bouffée d'espoir tandis qu'il cherchait dans le groupe des élèves une victime à ressusciter. *Oh, prends-moi*, avais-je murmuré. *Moi ! Ici !* Je m'étais souvenu de l'odeur de hamburger venant du Club House, du frottement du gilet de sauvetage contre mon dos brûlé par un coup de soleil et la déception écrasante que j'avais éprouvée quand Chip choisit Patsy Pyle, qui dirait plus tard que cette expérience lui avait « changé la vie ». Ce ne sont pas des souvenirs qui sauvent des vies et, abandonnant le passé, je m'en étais remis à mon instinct.

« *Nous formons le vœu que ce mariage soit béni d'autant de grâces qu'il y a... de grains de sable dans... l'océan.* »

A la fin, j'avais attrapé Paul par les cheveux et lui avais crié de faire la planche. Il avait recraché une gorgée d'eau de mer et ensemble nous nous étions rués vers la plage où nous nous étions échoués à un bon demi-mile de l'hôtel. Couchés côte à côte, nous avions repris notre respiration entourés de petites vagues et il m'avait semblé que c'était le moment propice pour dire quelque chose, un témoignage de soulagement et d'amour fraternel.

« Ecoute, avais-je commencé. Je voudrais que tu saches...

— Je t'emmerde », m'avait répondu Paul.

« *Oui*, disait à présent Paul à Kathy.

— J'ai bien cru ne jamais voir ce jour », pleurnicha Lisa.

Mon frère embrassa son épouse et la médium parcourut du regard son public, hochant la tête comme pour dire : « Je savais ce qui allait se passer. »

Les appareils photo crépitèrent et le vent souffla, soulevant le voile et la traîne de Kathy dans les airs. Son expression stupéfaite, l'étreinte fougueuse de Paul – sur les photos qui en témoigneraient, elle donnerait l'impression d'être tombée du ciel, rattrapée au dernier moment par quelqu'un qui allait maintenant se déclarer l'homme le plus heureux du monde.

Pendant la réception, mon frère fit la danse du ver de terre, se jetant à plat ventre tandis que les Dandies chantaient « *Fais la fête, mon gros, fais la fête* ». Mon père prononça un discours bref et confus au cours duquel il agita un poulet en caoutchouc et une fois encore les appareils photo crépitèrent.

« J'hallucine, dis-je. Un *poulet* en caoutchouc ? »

Il prétendit ne pas avoir trouvé de coq en caoutchouc et j'expliquai que là n'était pas vraiment la question.

« Tout le monde n'est pas doué pour l'improvisation, dis-je. Où étaient tes notes ? Pourquoi ne m'as-tu pas demandé de l'aide ? »

Si je me montrais aussi sévère avec lui, c'était parce que j'avais voulu, moi, prononcer le grand discours. Je m'y étais préparé depuis que Paul était enfant mais personne ne m'avait rien demandé. A présent, il me faudrait attendre son enterrement.

A une heure du matin, la location de la salle s'achevait et on décida de continuer la fête sur la plage. Kathy alla se changer et Paul et moi sortîmes les chiens le temps d'une courte promenade dans les jardins de l'Atlantis. Pour la première fois depuis la cérémonie nous étions seuls, et je voulais de toutes mes forces marquer l'événement. Le mot clef ici, l'origine du problème, est *force*. Car ça ne marche jamais de cette façon. En voulant imprimer un souvenir, on finit par paraître effroyablement suspect, ce qui peut laisser un souvenir, mais pas celui qu'on espérait. Mon frère avait passé la moitié de sa vie à m'épargner ce genre de moment et il allait le faire encore.

Une pluie fine commença à tomber et, à l'instant où je m'éclaircis la gorge, Vénus s'accroupit dans l'herbe pour produire un tas de crottes grosses comme des cacahuètes.

« Tu ne vas pas ramasser ? » demandai-je.

Paul indiqua le sol et siffla le danois qui traversa le jardin ventre à terre et ne fit qu'une bouchée des excréments.

« Dis-moi que c'est un hasard.

— Un hasard, je t'en fous, dit-il. Je l'ai *dressé*, cet enculé. Il lui arrive de fourrer son nez dans le cul de l'autre et de manger cette merde directement à la source. »

Je songeai à mon frère dans son jardin, occupé à dresser un chien à manger de la merde, et je me dis que je continuerais probablement à y penser jusqu'à ma mort. Oubliés, les larmes et les discours fraternels, telle était l'étoffe dont sont tissés les souvenirs.

Le danois se lécha les babines et renifla l'herbe dans l'espoir d'en trouver encore.

« Qu'est-ce que tu allais dire ? demanda Paul.

— Oh, rien. »

Du haut d'une dune où ils étaient perchés, les Dandies lancèrent un cri de guerre. Kathy appela du seuil de sa chambre et, en compagnie de ses chiens, mon frère courut, prêt à prodiguer un amour introuvable sous un arbre, sous un coquillage ou même dans un coffre à trésor enfoui, des siècles auparavant, sur les îles historiques qui nous entouraient.

Possession

« Trouver un appartement, c'est presque comme de tomber amoureux », nous déclara l'agent immobilier. C'était une grand-mère élégante chaussée d'austères lunettes de créateur. Cheveux teints en blond, bas noirs, petit foulard simplement noué autour du cou : pendant trois mois elle nous fit faire le tour de Paris dans sa voiture de sport, Hugh à l'avant et moi replié comme un transat sur le siège arrière.

A la fin de chaque tournée il me fallait réapprendre à marcher, mais j'y voyais un mal physique mineur. Mon problème, c'est que j'étais déjà amoureux d'un appartement. Celui que nous avions était parfait et en chercher un autre me donnait l'impression d'être infidèle et sournois, comme si je m'étais rendu coupable d'adultère. Après une visite, je m'arrêtais dans notre salon, je levais la tête vers le plafond haut et les poutres et j'essayais d'expliquer qu'il ne s'était rien passé avec l'autre deux-pièces. Hugh adoptait une stratégie opposée et reprochait à notre appartement de nous faire mentir à nos propres yeux. Nous avions proposé, et pratiquement supplié, de l'acheter, mais le propriétaire gardait l'endroit pour ses enfants, deux fillettes qui un jour allaient nous évincer. Notre bail pouvait être renouvelé pour quinze ans encore, mais Hugh refusait de gaspiller son amour pour une cause perdue. Quand il apprit que notre appartement ne nous appartiendrait jamais vraiment, il raccrocha et contacta la grand-mère de l'agence immobilière, ce qui est sa façon d'agir quand il est irrité : il prend les devants et fonce.

Pour lui, l'appartement était mort, mais je m'obstinai à attendre un miracle. Un accident de cheval, un incendie dans une salle de jeux : beaucoup de choses peuvent arriver à des petites filles.

A chaque visite, je m'efforçais de garder l'esprit ouvert, mais plus nous allions voir d'appartements, plus j'étais découragé. Si l'endroit n'était pas trop petit, il était trop cher, trop contemporain, trop éloigné du centre. Je devinais tout de suite que l'amour n'entrait pas en ligne de compte, mais, sous l'effet de la déception, Hugh voyait du potentiel partout. Il adore les ruines, quelque chose qu'il puisse restaurer, et il devint tout feu tout flamme lorsque, à la fin de l'été, la grand-mère fut chargée de vendre ce qui se présentait comme « une maison de passe très bien située ». Son excitation grandit tandis que nous gravissions les étages et s'épanouit quand la porte s'ouvrit et que l'odeur d'urine stagnante s'engouffra sur le palier. Les anciens locataires avaient déménagé en laissant des indices quant à leur corpulence et leur tempérament. Tout ce qui se trouvait au niveau de la taille et au-dessous était soit arraché, soit fendu, soit barbouillé d'une sauce de sang et de cheveux humains. Je trouvai une dent sur le sol du salon et ce qui ressemblait à un ongle entier collé avec de la morve à l'intérieur de la porte d'entrée. Naturellement, c'était dans ma tête : Mr Langue de Vipère, Mr Négatif. Tandis que je me mettais en quête du reste du corps, Hugh ne cessait de courir entre le trou qu'était la cuisine et le trou qu'était la salle de bains, les yeux vitreux et drogués.

Nous avions eu la même expression lors de notre première visite de l'ancien appartement, mais cette fois il éprouvait tout seul un sentiment que je ne pouvais pas partager. Je m'efforçai de prendre part à son enthousiasme – « Regarde ! Des fils électriques dénudés ! » –, mais les mots sonnaient creux, comme chez quelqu'un qui se résigne à une chose et fait tout ce qu'il peut pour prétendre le contraire. L'endroit n'était pas si horrible. Les pièces étaient vastes et lumineuses, et on ne pouvait rien trouver à redire à la situation. Simplement, il ne me faisait pas tomber à la renverse.

« Peut-être confonds-tu amour et pitié », lui dis-je, à quoi il répondit : « Si c'est ce que tu penses vraiment, je te plains énormément. »

La grand-mère sentit mon manque d'enthousiasme et décréta qu'il s'agissait seulement d'un manque d'imagination. « Il y a des gens qui ne voient que ce qu'ils ont sous les yeux, soupira-t-elle.

— Hé, dis-je – et je prononçai la phrase la plus stupide qui soit –, j'ai des pouvoirs. »

Elle sortit un téléphone de son sac.

« Prouvez-le, dit-elle. Le propriétaire a reçu trois offres et il ne va pas attendre éternellement. »

Si trouver un appartement c'est comme de tomber amoureux, en acheter un est comme de demander quelqu'un en mariage au premier rendez-vous et de convenir de ne plus se revoir jusqu'au jour de la cérémonie. Nous fîmes une offre et, lorsqu'elle fut acceptée, je fis semblant d'être aussi heureux que Hugh et sa promise, la grand-mère. Nous eûmes un entretien avec un banquier et avec un notaire du nom de maître LaBruce. J'espérais que l'un d'entre eux mettrait un terme à tout ça – en nous refusant un prêt, en déterrant un codicille – mais tout se déroula selon les plans. Notre maître présida la vente et le lendemain arriva l'entrepreneur. Les travaux commencèrent et je continuai encore à lire les annonces immobilières, dans l'espoir que quelque chose de mieux se présenterait. Je ne craignais pas seulement que nous ayons choisi le mauvais appartement, mais le mauvais quartier, la mauvaise ville, le mauvais pays. « Regret d'acheteur, dit la grand-mère. Mais soyez sans inquiétude, c'est parfaitement naturel. » Naturel. Quel mot étrange quand il est prononcé par une dame de quatre-vingts ans au visage sans rides et aux cheveux de la couleur d'un bus scolaire américain !

Trois mois après avoir emmenagé, nous avons fait un voyage à Amsterdam, une ville souvent vantée par cette phrase : « Là-bas, vous pouvez vous défoncer à mort. » J'avais imaginé des ponts fluorescents et des canaux charriant des eaux narcotiques, mais en fait le tableau ressemblait davantage à une BD de Robert Crumb. Nous fûmes enchantés par les étroits bâtiments en brique et par le chuchotement des roues de bicyclette sur les feuilles fraîchement tombées. Notre hôtel donnait sur le Herengracht et, à notre arrivée, j'eus tout de suite l'impression que nous avions commis une erreur terrible. Pourquoi nous installer à Paris sans avoir d'abord envisagé Amsterdam ? A quoi avions-nous pensé ?

Le premier après-midi, en nous promenant, nous passâmes devant la maison d'Anne Frank, qui nous étonna. J'avais eu l'impression qu'elle avait vécu dans un taudis, mais c'est en réalité une très belle maison du XVIIe siècle en bordure du canal. Une rue bordée d'arbres, proche des commerces et des transports en commun : en termes de situation, c'était parfait. Les mois que j'avais passés à chercher un appartement m'avaient entraîné à regarder les choses d'une certaine façon et, en voyant la foule devant la porte d'entrée, je ne pensai pas *File d'attente*, mais *Visite libre* !

Nous entrâmes dans l'annexe derrière la célèbre bibliothèque et, en franchissant le seuil, je sentis ce que la grand-mère avait comparé au coup de foudre, la certitude absolue que c'était l'endroit fait pour moi. Qu'il serait à moi. La maison tout entière eût été peu commode et bien trop chère, mais la partie où avaient vécu Anne Frank et sa famille, leur triplex, était adorable et avait une superficie parfaite, ce qu'on ne vous dit jamais. Au théâtre ou au cinéma, l'endroit paraît toujours sinistre et vieillot, mais ouvrez les rideaux et les premiers mots qui viennent à l'esprit ne sont pas « Je crois encore que les gens sont naturellement bons » mais « Qui dois-je assommer pour avoir cet appartement ? ». Ce qui ne signifie pas que je n'y aurais pas effectué quelques travaux, mais tous les éléments étaient là, visibles aisément car on avait ôté les meubles et les objets personnels qui d'ordinaire rétrécissent beaucoup l'espace.

Hugh s'arrêta pour examiner les portraits de vedettes de cinéma collés au mur de la chambre d'Anne Frank – un mur que personnellement j'aurais abattu – et je courus à la salle de bains, puis aux toilettes avec leur cuvette en porcelaine de Delft semblable à tous points de vue à une énorme soupière. Ensuite, l'escalier qui menait à la cuisine, dotée de deux fenêtres. J'aurais supprimé le comptoir et bien sûr refait toute la plomberie, mais d'abord j'aurais enlevé le poêle à bois et remis la cheminée en état. « C'est ici qu'est le centre de la pièce », avais-je entendu dire la grand-mère. Je pensai que l'espace contigu à la cuisine pourrait devenir mon bureau, mais quand je vis le grenier, avec ses charmantes lucarnes, la pièce à côté de la cuisine devint un petit coin de repos.

Après quoi je redescendis pour regarder à nouveau la cuvette des toilettes, puis je remontai pour examiner le comptoir de la cuisine, qu'après réflexion je décidai de garder. Ou peut-être pas. Il m'était difficile de penser avec tous ces gens qui entraient et qui sortaient, qui encombraient l'escalier et parlaient sans cesse. Une femme en sweat-shirt Disneyland se tenait sur le seuil, occupée à prendre mon lavabo en photo, et je heurtai son bras intentionnellement afin que le cliché soit flou et indésirable.

« Hé ! dit-elle.

— Oh, hé vous-même ! »

J'avais la fièvre et la seule chose qui m'importait était l'appartement. Cela n'avait rien à voir avec la maison d'une célébrité ou avec un lieu historique, ce n'était pas comme de posséder un cil de Maria Callas ou une paire de pinces à barbecue touchées par le pape Innocent XIII. Certes, j'aurais *signalé* que je n'étais pas le premier à avoir, dans cette maison, tenu un journal, mais ce n'était pas la raison pour laquelle j'étais tombé amoureux de l'endroit. Au risque de paraître trop baba cool, j'avais l'impression d'être enfin arrivé au port. Un cruel tour du destin m'en avait tenu éloigné, mais maintenant j'étais de retour et je réclamais ce qui légitimement m'appartenait. C'était le sentiment le plus merveilleux au monde : excitation et soulagement couplés avec le vertige que provoque la jouissance anticipée des achats, des travaux qui allaient tout rendre parfait.

Je ne repris conscience qu'au moment où, sans m'en rendre compte, je passai dans le bâtiment adjacent, qui avait été annexé pour agrandir le musée. Au-dessus d'une vitrine, écrite sur le mur en lettres énormes et impossibles à éviter, il y avait cette citation de Primo Levi : « Une seule Anne Frank nous touche davantage que les innombrables autres qui ont souffert tout comme elle a souffert mais dont les visages sont restés dans l'ombre. Peut-être cela vaut-il mieux ainsi. Si nous étions capables de comprendre toute la souffrance de tous ces gens, nous ne serions pas capables de vivre. »

Il ne précisait pas que nous ne serions pas capables de vivre dans la maison d'Anne Frank, mais c'était ce que ses mots impliquaient, et ils réduisaient à néant tout fantasme de possession. La tragédie d'Anne Frank l'est d'autant plus qu'elle a failli être sauvée, qu'elle est morte avec sa sœur quelques semaines avant la libération du camp. Ayant réussi à survivre deux ans en se cachant, elle et sa famille auraient pu rester tranquilles jusqu'à la fin de la guerre s'il n'y avait eu un voisin, jamais identifié, pour les dénoncer. Je regardai par la fenêtre en me demandant qui avait pu faire une chose pareille et je surpris mon reflet me renvoyant mon regard. Et puis, derrière la vitre, en face, je vis l'appartement de mes rêves.

Un bœuf sur la langue

Dans les toilettes de l'aéroport La Guardia, je vis un homme sortir un téléphone portable de la poche de sa veste, entrer dans une cabine vide et commencer à composer un numéro. Je pensai qu'il allait pisser et parler en même temps, mais, en regardant l'espace en bas de la porte, je vis que son pantalon était baissé sur ses chevilles. Il était assis sur la cuvette des toilettes.

La plupart des appels émis dans les aéroports commencent par des détails géographiques. « Je suis à Kansas City », disent les gens. « Je suis à Houston. » « Je suis à Kennedy. » Quand on lui demanda où il était, l'homme au téléphone répondit simplement : « Je suis à l'aéroport, qu'est-ce que tu crois ? » Les bruits des toilettes publiques ne sont pas de ceux que l'on associe généralement à un aéroport, du moins pas un aéroport bien isolé, et donc son « Qu'est-ce que tu crois ? » me sembla injuste. Son interlocuteur, de toute évidence, avait le même sentiment. « Comment ça, quel aéroport ? dit l'homme. Je suis à La Guardia. Bon, passe-moi Marty. »

Peu de temps après, j'allai à Boston. Ma sœur Tiffany vint me chercher dans le hall de mon hôtel et suggéra que nous passions le reste de l'après-midi chez elle. Le chasseur héla un taxi et, comme nous y montions, je lui racontai l'histoire de l'homme à La Guardia. « Je veux dire qu'il a vraiment appelé *assis sur la cuvette* ! »

Tiffany est très à cheval sur les règles mais tolère une grosse marge quand il s'agit de péché mortel. Viol, assassinat, abandon d'enfants, ces choses-là sont traitées au cas par cas. Ce sont les petites choses qui l'irritent et, en les montrant du doigt, elle tend à prononcer des décrets qui le plus souvent commencent par les mots suivants : « On ne ». « On ne passe pas son temps à *fabriquer* des objets en pommes de pin », disait-elle, ou bien : « On ne dit pas " Je me taperais bien une queue " en parlant d'un hot dog. Ce n'est pas joli. Ce n'est pas drôle. Ça ne se fait pas. »

En racontant à Tiffany l'histoire de l'homme sur la cuvette des toilettes, je m'attendais à un certain degré d'indignation. J'attendais un décret, au lieu de quoi elle dit seulement : « Je ne crois pas aux portables.

— Mais tu *crois* au fait d'appeler en étant assis sur la cuvette ?

— Il ne s'agit pas de *croire*, dit-elle. Mais, bon, oui. »

Je repensai aux toilettes de La Guardia.

« Mais les gens ne devinent-ils pas ce qu'il se passe ? Comment est-ce que tu expliques le bruit ? »

Ma sœur porta à sa bouche un téléphone imaginaire. Puis, le visage contracté, elle adopta la voix tendue et haletante communément associée avec l'effort nécessaire pour soulever quelque chose de lourd. « J'ai dit : " Ne t'inquiète pas. J'essaie juste de... de dévisser... le couvercle de... de ce... bocal. " »

Tiffany se radossa à son siège et je pensai à toutes les fois où j'étais tombé dans le piège, toutes les fois où je me l'étais imaginée debout impuissante dans sa cuisine. « Essaie de donner des petits coups contre le comptoir », disais-je, ou bien : « Passe-le sous l'eau chaude, parfois ça marche. »

Finalement, après une longue lutte, elle poussait un soupir. « Ça y est... je l'ai. » Ensuite, elle me remerciait et je me sentais fort, je me croyais le seul homme sur la planète capable d'ouvrir un bocal au téléphone. Faire appel à ma vanité était un vieux truc, mais il y avait autre chose. Tiffany est une excellente cuisinière. Les raccourcis ne l'intéressent pas, et j'avais toujours cru que son bocal renfermait un produit qu'elle avait elle-même mis en conserve. De la confiture, peut-être, ou des pêches au sirop. Une fois le couvercle ouvert, j'avais imaginé la bonne odeur qui lui chatouillait les narines et le sentiment de fierté et d'accomplissement qui vous envahit quand vous avez fait quelque chose « à l'ancienne ». Par extension, j'avais ressenti la même fierté, mais là je me sentis tout simplement trahi.

« Papa réfléchit un peu trop, dit-elle.

— Papa ?

— Oui, dit-elle. Toi.

— Personne ne m'appelle papa.

— Si, maman. »

C'est sa nouvelle marotte. Tous les hommes s'appellent papa et toutes les femmes, maman. A l'âge de quarante ans, elle s'exprime comme un bébé presbyte.

Ma sœur habite Somerville, au rez-de-chaussée d'une petite maison de deux étages. En guise de clôture, une chaîne sépare le jardin du trottoir et il y a un garage à l'arrière où elle range sa bicyclette et le rickshaw bricolé qu'elle fixe régulièrement à son vélo. C'est un objet peu pratique, proche du chariot, muni d'un fond en contreplaqué et de deux roues prélevées sur un vélo de course de récupération. Toute une quantité de règles régissent le rickshaw, la plupart ayant trait à ce qu'une personne est autorisée à faire ou pas en le voyant. Rire est hors de question, tout comme klaxonner, montrer du doigt et étirer le coin des yeux pour imiter un Chinois. Cette réaction est plus courante qu'on ne pense et elle irrite Tiffany au plus haut point. Elle est devenue une défenseure enragée des Chinois, et surtout de sa propriétaire, Mrs Yip, qui l'encourage à vaincre la graisse en se donnant des coups de poing rythmés sur les cuisses et le ventre. Tous les matins, ma sœur allume la télévision et se met debout dans le salon, où elle se martèle de coups de poing pendant une demi-heure. Elle prétend que ça lui permet de garder la ligne, mais c'est plus probablement la bicyclette et le lourd rickshaw qu'elle traîne.

« Elle a une belle voix, dit mon père. Je regrette seulement qu'elle n'en fasse pas quelque chose. »

Interrogé sur ce que pourrait être ce quelque chose, il répond qu'elle devrait enregistrer un album.

« Mais elle ne chante pas.

— Eh bien, elle pourrait. »

A l'entendre, ne pas enregistrer un album n'est que le résultat de sa paresse, comme si les gens sortaient dans la rue, entraient dans un studio, pondaient une douzaine de chansons et les déposaient dans les stations de radio qui n'attendent que ça. Je n'ai jamais entendu Tiffany chanter ne fût-ce que « Joyeux Anniversaire », mais pour ce qui est de parler, mon père a raison – elle a vraiment une belle voix. Enfant déjà, elle était rauque et pleine, et conférait à ses déclarations les plus banales une tonalité malicieuse, vaguement sexuelle.

« On doit se servir de ses meilleurs atouts, dit mon père. Si elle ne veut pas enregistrer un album, elle peut devenir réceptionniste, par exemple. Tout ce qu'elle aurait à faire, ce serait répondre à ce foutu téléphone. »

Mais Tiffany n'a pas besoin de conseils professionnels, surtout ceux de mon père.

« Je crois qu'elle est heureuse de faire ce qu'elle fait, je lui dis.

— Oh, foutaises. »

A treize ans, Tiffany dut se faire poser des bagues et à quatorze ans elle tenta de les retirer avec des pinces. Elle était en fugue à l'époque, clandestine s'efforçant d'agrandir la distance qui la séparait de la photo de classe que mes parents avaient remise à la police. En tentant de retrouver la piste de ma sœur, je parlai à une de ses amies, une fille dure qui répondait au nom de Glandeuse. Elle prétendait ne rien savoir et quand je l'accusai de mentir, elle ouvrit une bouteille de Coca avec ses dents et cracha la capsule dans son jardin. « Ecoute, lui dis-je. Je ne suis pas l'ennemi. » Mais elle avait entendu des histoires et savait qu'il ne fallait pas se fier à moi.

Après sa capture, Tiffany fut envoyée dans un centre de détention pour mineurs, puis dans une école dont ma mère avait entendu parler dans une émission de télévision de l'après-midi. Les punitions consistaient à vous faire coucher à plat ventre sur le sol tandis qu'un conseiller d'éducation jouait au mini-golf en visant votre bouche ouverte. « Amour vache » appelait-on cela. Pour simplifier, l'endroit se contentait de vous mettre sous clef jusqu'à dix-huit ans, âge auquel vous étiez autorisé à vous enfuir légalement.

Une fois sortie, Tiffany s'intéressa à la pâtisserie. Elle alla suivre des cours de cuisine à Boston et travailla de nombreuses années dans un genre de restaurant qui trouvait original de parfumer les brownies à l'estragon ou au poivre noir. C'était une cuisine davantage destinée aux gens qui lisaient qu'à ceux qui mangeaient, mais c'était bien payé et il y avait des avantages. De minuit à l'aube, dans la cuisine, Tiffany tamisait de la farine en écoutant à la radio des témoignages d'auditeurs, ce qui peut se révéler drôle ou effrayant, selon votre capacité à prendre de la distance par rapport aux interlocuteurs. Tommy de Revere, Carol de Fall River : ils sont seuls et cinglés. Pas vous. Mais la frontière entre eux et vous devient floue à partir de quatre heures du matin et disparaît totalement à l'heure où vous vous retrouvez seule coiffée d'un couvre-chef en papier, en train d'ajouter de la ciboulette fraîche à votre glaçage au beurre.

« Ça vous dérange si je fume ? » demande Tiffany à notre chauffeur de taxi.

Et avant qu'il ait eu le temps de répondre, sa cigarette est allumée.

« Vous pouvez en fumer une aussi, si vous voulez, lui dit-elle. Ça ne me gêne pas le moins du monde. »

L'homme, qui est russe, sourit dans le rétroviseur, révélant une denture en or.

« Oouah, papa. On sait où elle est, votre banque », dit Tiffany.

Et je commence à regretter que ni elle ni moi ne sachions conduire. Comme notre mère, ma sœur parle à tout le monde. Si je n'avais pas été là et qu'elle avait eu de quoi se payer un taxi, je suis sûr qu'elle se serait assise devant et qu'elle aurait félicité le chauffeur pour son savoir-faire avec un clignotant, après quoi, pour faire bonne mesure, elle aurait plaisanté sur sa photo d'identité ou sur le nom imprimé au-dessous. Enfant, elle avait une réputation de mauvaise foi, si bien que son exigence de vérité impitoyable, voire mal placée, représente pour elle une manière de renverser la situation. « Je ne vais pas te mentir », dit-elle, oubliant que l'autre option consiste simplement à ne rien dire.

Nous passons de Cambridge à Somerville et Tiffany me montre certains des autres endroits où elle a travaillé au cours des quinze années écoulées. Le dernier en date était une pâtisserie italienne traditionnelle où étaient employés des anciens combattants vieillissants aux noms tels que Sal et Little Joey. Toute la journée, ils inventaient des prétextes pour lui peloter les fesses ou passer la main sur le devant de son tablier et elle les laissait faire parce que : « a) ça ne faisait pas mal physiquement, b) j'étais la seule femme, alors quel autre cul avaient-ils à se mettre sous la main ? et c) le patron m'autorisait à fumer ».

Elle n'était pas payée autant que d'ordinaire, mais elle était restée quand même près d'un an, jusqu'au jour où le propriétaire avait annoncé qu'il partait en vacances. Sa famille étendue se rassemblait à Providence et la pâtisserie allait fermer au cours des deux premières semaines d'octobre pendant lesquelles personne ne serait payé. Tiffany n'a pas de carte de crédit ni de téléphone fixe. Tout son argent va dans son loyer et dans son abonnement au câble ; elle passa donc ses vacances devant la télévision, à donner des coups de poing dans son estomac vide et à laisser peu à peu grimper sa colère. A la fin des deux semaines, elle était retournée travailler et avait demandé à son patron comment il avait trouvé ce qu'elle désigna par « vos vacances en Ritalie ». Elle est d'habitude assez bon juge de ce que tout un chacun est capable d'encaisser, mais cette fois elle avait mal calculé. Nous passons devant la pâtisserie et elle jette sa cigarette par la vitre. « Ritalie », dit-elle. C'est vrai, comment peut-on ne *pas* trouver ça drôle ?

Après les Italiens, il y eut le rickshaw et un retour aux aubes livides où elle travaillait au temps de la pâtisserie fine. Tandis que le reste du monde dort, ma sœur fouille dans les poubelles. Elle a sur elle une lampe de poche et une paire de gants en caoutchouc, et elle trouve des dents en quantités étonnantes. « Mais aucune comme les vôtres, dit-elle à notre chauffeur. Celles que je trouve sont en majorité des fausses.

— En majorité ? » dis-je.

Elle fouille dans son sac à dos et me tend quelques molaires éparses. Il y en a une toute petite, presque comme une dent d'enfant, une autre est géante et ressemble à quelque chose qui aurait été extrait du sol. Avec la plus grande, je donne un coup sur la vitre, convaincu qu'elle est en plastique.

« Qui aurait l'idée de jeter une vraie dent ? demandé-je.

— Pas moi, répond le chauffeur qui, maintenant que Tiffany l'a autorisé à fumer, participe de temps à autre à la conversation.

— Ouais, dit-elle. Enfin, on sait ce que vous faites, *vous*. Mais n'importe qui d'autre, n'importe qui d'*américain*, leur dit adieu et les jette. Dans ce pays, tout ce qui sort de votre bouche va à la poubelle, papa. »

Outre les dents, ma sœur trouve des cartes d'anniversaire et des poneys en céramique. Des lettres furieuses écrites à des membres du Congrès, mais qui n'ont pas été envoyées. Des culottes. Des bracelets à breloques. Ces petits objets se retrouvent au fond de son sac, tout le reste va dans le rickshaw et, par conséquent, dans son appartement. Si quelqu'un vient à mourir, elle fera trois ou quatre voyages le même soir, pour tout emporter, depuis les fauteuils jusqu'aux corbeilles à papier.

« La semaine dernière, j'ai trouvé une dinde », nous dit-elle.

J'attends, pensant que c'était là le début de la phrase. « J'ai trouvé une dinde... en papier mâché. J'ai trouvé une dinde... et je l'ai enterrée dans le jardin. » Quand il devient clair qu'il n'y a pas de deuxième partie, je commence à m'inquiéter.

« Comment ça, tu as *trouvé* une dinde ?

— Congelée, dit-elle. Dans la poubelle.

— Et qu'est-ce que tu en as fait ?

— Qu'est-ce que font les gens avec une dinde ? dit-elle. Je l'ai fait cuire et je l'ai mangée. »

C'est une mise à l'épreuve et j'échoue, je dis toutes les choses ennuyeuses qu'on attend de quelqu'un de raisonnable : que la dinde a sûrement été jetée pour une bonne raison. Qu'elle a peut-être été retirée du marché par le fournisseur, comme un paquet de filets de poisson avariés.

« Ou bien quelqu'un lui a fait des choses.

— Qui tirerait un coup intentionnellement avec une dinde congelée ? » demande-t-elle.

J'essaie de me représenter ce genre de personne, mais rien ne vient.

« Bon, elle avait peut-être décongelé et on l'a recongelée. C'est dangereux, non ?

— Non mais, écoute-toi. Si elle ne vient pas de chez Balducci, si elle n'a pas été nourrie à la polenta et aux glands sauvages, c'est forcément dangereux. »

Ce n'est pas du tout ce que je voulais dire mais, au moment où j'essaie de m'expliquer, elle pose la main sur l'épaule du chauffeur.

« Si on vous offre une excellente dinde, vous la prenez, non ? »

L'homme dit oui et elle lui tapote le sommet du crâne.

« Maman vous aime bien », dit-elle.

Elle a réussi à se le mettre dans la poche, mais elle

n'a pas joué franc-jeu et je suis surpris de voir à quel point cela me met en rage.

« Il y a une différence entre recevoir de quelqu'un "une excellente dinde" et trouver une dinde dans les ordures, dis-je.

— Dans la poubelle, corrige-t-elle. Mon Dieu, on dirait que je suis derrière le Star Market, à fouiller dans la benne. C'était juste une dinde. On se calme. »

Elle a bien sûr aussi trouvé des objets de valeur et noué des relations avec des gens qui ont coutume de les acheter. Ce sont ces types qu'on voit dans les brocantes, des hommes barbus aux ongles longs qui vous regardent de travers si vous dites d'une certaine couleur de vaisselle des années 40 qu'elle est « orange » plutôt que « rouge ». Quelque chose chez eux ne m'inspire pas confiance, mais quand on me demande pourquoi, j'ai beaucoup de mal à trouver une autre raison que l'étrangeté qu'ils dégagent toujours. Quand je rencontre un ami de Amy ou de Lisa, j'éprouve un sentiment de familiarité, mais les gens avec lesquels traîne Tiffany sont d'une espèce absolument différente. Ils me font penser à cette femme qui a été atteinte par sept balles en voulant échapper à la police. Elle est belle, vraiment, mais *en voulant échapper à la police* ? Comme dirait mon frère : « Encore une hors-la-loi de merde. »

Plus nous approchons de son appartement, plus ma sœur fait du charme au chauffeur et, quand il s'arrête devant la maison, je suis complètement exclu de la conversation. Il semble que la femme de ce type a eu beaucoup de mal à s'adapter à la vie aux Etats-Unis et qu'elle vient de rentrer dans son village près de Saint-Pétersbourg.

« Mais vous n'avez pas *divorcé*, dit Tiffany. Vous l'aimez toujours, c'est ça ? »

En payant le gars, j'ai le sentiment qu'elle se sentirait beaucoup mieux si c'était lui son invité plutôt que moi. « Voulez-vous entrer et aller aux toilettes ? lui demande-t-elle. Avez-vous besoin de passer des coups de fil en ville ? » Il décline poliment l'invitation et le dos de ma sœur se voûte quand il redémarre. C'était un type plutôt sympathique, mais plus que son amitié elle recherchait un amortisseur, quelqu'un qui pût faire tampon entre elle et ce qu'elle perçoit comme ma condamnation inexorable. Nous grimpons les quelques marches du perron et elle hésite avant de sortir les clefs de sa poche. « Je n'ai pas eu le temps de ranger, dit-elle, mais le mensonge la met mal à l'aise et elle se reprend aussitôt : Ce que je veux dire, c'est que je m'en tape de ce que tu penses de mon appartement. De toute façon, je n'avais aucune envie que tu viennes ici. »

Je suis censé trouver merveilleux que ma sœur se soit libérée d'un tel poids, mais il me faut d'abord mettre un terme à la souffrance que cela me cause. Si je lui posais la question, ma sœur me dirait jusqu'à quel point elle redoutait ma visite, c'est pourquoi je ne pose pas la question et je dis plutôt quelque chose à propos du chat qui frotte sa grosse tête rousse contre les rambardes de la véranda. « Oh, dit-elle. C'est Papa. » Là-dessus elle quitte ses chaussures et ouvre la porte.

L'appartement que je me représente au cours de nos conversations au téléphone n'est pas celui dans lequel Tiffany habite en réalité. C'est le même espace physique, mais je préfère conserver l'image qu'il offrait plusieurs années auparavant, à l'époque où elle avait un travail digne de ce nom. Il n'était ni luxueux ni vraiment décoré mais propre et confortable, et je crois bien qu'il était agréable d'y rentrer le soir. Il y avait des rideaux aux fenêtres et une deuxième chambre qu'elle préparait pour les invités. Et puis elle avait dégoté ce rickshaw et, à mesure que sa maison était devenue une brocante toujours renouvelée, elle avait abandonné toute trace de sentimentalité. Les choses entrent et, quand approche le moment de payer le loyer, elles sortent : elle revendait la table de cuisine trouvée, le compotier ayant jadis appartenu à notre grand-tante ou le cadeau de Noël qu'on lui avait offert l'année précédente. A une époque, elle prenait la peine de remplacer certains objets, mais elle avait eu ensuite une mauvaise passe et s'était habituée à faire sans chaises ou abat-jour. C'est cette absence que je m'efforce de ne pas remarquer en pénétrant dans son appartement et je m'en sors très bien, jusqu'au moment où nous entrons dans la cuisine.

Lors de ma dernière visite, Tiffany était ocupée à enlever le linoléum. Je me disais que c'était le début d'un processus, la phase un qui serait suivie de la phase deux. Il ne m'était pas venu à l'esprit qu'il s'agissait là d'une procédure unique, avec pour résultat final un sol en papier goudronné. Conjuguez cela avec des pieds nus et vous voilà confronté au pire cauchemar du pédicure. Ma sœur possède des appendices reliés à ses chevilles. Ils présentent des orteils et des voûtes, mais je ne peux pas les qualifier de pieds. Par la couleur, ils évoquent les pattes à la peau parcheminée des grands singes, mais par la texture ils se rapprochent davantage des sabots. Afin de garder l'équilibre, elle ôte régulièrement les débris qui se collent en dessous – une capsule de bouteille, des éclats de verre brisé, un os de poulet –, mais tout de suite après elle aura marché sur autre chose et tout recommencé depuis le début. C'est ce qui arrive quand on revend et son balai et son aspirateur.

Je vois le chiffon crasseux qui masque la moitié

inférieure de la fenêtre de la cuisine, les casseroles aux manches cassés abandonnées sur le fourneau graisseux. Ma sœur vit à l'intérieur d'une photo de Dorothea Lange et l'homosexuel en moi a envie de se mettre à genoux et de nettoyer à s'en faire saigner les doigts. Je l'avais fait au cours de toutes mes visites précédentes, espérant chaque fois lui laisser quelque chose comme une impression durable. Appareils ménagers rutilants, salle de bains embaumant le chlore : « Quelle odeur magnifique, non ? » m'exclamais-je. La dernière fois, ayant gratté, nettoyé et ciré le parquet de son salon, je la vis renverser un verre à vin sur ce qui représentait six heures de travail. Ce n'était pas un accident, mais une déclaration délibérée : je ne veux pas de ce que tu as à m'offrir. Plus tard, en parlant à mon frère au téléphone, elle m'avait appelé *Homo serpillus*, ce qui ne m'aurait pas gêné si l'image n'avait été aussi juste. Cette fois, je suis décidé à ne pas m'impliquer mais, faute de nettoyage, je n'ai aucun but et je ne sais pas quoi faire de moi-même.

« On pourrait *parler*, dit Tiffany. C'est une chose que nous n'avons jamais essayée. »

Jamais ? me dis-je. Si je parle moins avec Tiffany qu'avec mes autres sœurs, c'est parce qu'elle ne vient jamais voir la famille. Nous avions mis des mois à la convaincre d'assister au mariage de mon frère mais nous n'avions pas vraiment pensé qu'elle viendrait. Elle et Paul s'entendent très bien, mais en tant que groupe la famille la rend nerveuse. Nous sommes ceux qui sont restés tranquillement assis pendant qu'on lui lançait des balles de golf dans la bouche, et moins elle nous voit, mieux elle se porte. « Tu ne comprends donc pas ? dit-elle. Vous autres, je ne vous *aime* pas. » *Vous autres*, comme si nous étions le bureau du percepteur.

Tiffany écrase sa cigarette allumée sur le sol en

papier goudronné et quand elle s'assoit sur le comptoir je remarque que le mégot rougeoyant est resté collé à son sabot droit. « J'ai fait beaucoup de mosaïque », me dit-elle et, du regard, je suis son doigt en direction du réfrigérateur et d'un panneau posé contre le mur. Elle avait commencé quelques années auparavant ce genre de compositions en débris de vaisselle dénichés dans les poubelles. Sa dernière création est grande comme un tapis de bain et composée des restes d'une figurine en porcelaine dont la tête jadis angélique émerge d'un tourbillon de débris de tasses à café. Comme les maisons en pain d'épices qu'elle confectionnait du temps de la pâtisserie, les mosaïques de Tiffany reflètent l'énergie déployée en circuit fermé de quelqu'un qui meurt si on le prive de la possibilité de s'exprimer. C'est une qualité rare qu'elle est incapable de reconnaître, parce que celle-ci exige une absence totale de conscience de soi.

« Une femme m'a proposé de l'acheter, m'informe-t-elle, sincèrement étonnée que quelqu'un pût s'y intéresser. Nous avons fixé un prix et puis, je ne sais pas, je me suis sentie mal à l'aise d'accepter cet argent. »

Penser qu'on n'est pas assez bien, c'est une chose que je peux comprendre, mais personne n'a autant besoin d'argent que Tiffany.

« Tu pourrais le vendre et t'acheter un aspirateur, dis-je. Mettre un lino neuf par terre, ce serait bien, non ?

— C'est quoi ton problème avec le sol de ma cuisine ? demande-t-elle. Rien à faire de ce foutu linoléum. »

A l'autre bout de la pièce, Papa s'approche de mon blouson, le pétrit sous ses pattes et finit par se coucher dessus, roulé en boule.

« Je me demande pourquoi je perds mon temps avec toi », dit Tiffany.

Elle avait voulu me montrer une de ses créations artistiques – quelque chose qui l'intéresse vraiment, quelque chose qu'elle fait bien – et, au lieu de cela, comme mon père, je lui suggère de devenir quelqu'un de totalement différent. Je regarde son visage, ce mélange de lassitude et de défiance, et me revient à l'esprit une conversation que j'ai tous les ans avec mon ami Ken Shorr.

Moi : Tu as déjà acheté ton sapin ?

Ken : Je suis juif, je ne fais pas de sapin de Noël.

Moi : Alors tu prends juste une couronne ?

Ken : Je viens de te le dire, je suis juif.

Moi : Ah, je saisis. Tu cherches une couronne bon marché.

Ken : Je ne cherche pas de couronne du tout. Fiche-moi la paix, tu veux.

Moi : Tu es nerveux parce que tu n'as pas fini tes courses de Noël.

Ken : Je ne fais pas de courses de Noël.

Moi : Qu'est-ce que tu me racontes ? Tu *fabriques* tous tes cadeaux ?

Ken : Je n'offre pas de cadeaux de Noël, *point*. Merde, je te l'ai déjà dit, je suis juif.

Moi : Bon, mais tu ne dois pas au moins acheter quelque chose pour tes parents ?

Ken : Ils sont juifs aussi, abruti. C'est pour ça que *moi* je suis juif. C'est héréditaire. Tu comprends ?

Moi : Oui.

Ken : Dis « Je comprends ».

Moi : Je comprends. Bon, et ta chaussette, où est-ce que tu l'accroches ?

Je ne parviens pas à envisager que les choses qui revêtent de l'importance à mes yeux ne revêtent pas la même importance aux yeux des autres. C'est pourquoi je fais l'effet d'un missionnaire, quelqu'un dont le boulot consiste à convertir plutôt qu'à écouter. « *Oui, ton dieu Tiki est très beau, mais on est là pour parler de Jésus.* » Pas étonnant que Tiffany redoute mes visites. Même silencieux, je donne l'impression de manifester une réprobation pointilleuse, de comparer la femme qu'elle est à la femme qu'elle ne sera jamais, une version aseptisée qui se bat contre des flacons réels et laisse où elle les trouve les dents des autres et les dindes congelées. Ce n'est pas que je ne l'aime pas – loin de là –, c'est juste que, sans travail régulier et linoléum convenable, je crains qu'elle ne tombe dans une crevasse et ne disparaisse dans un lieu où on ne pourra pas la retrouver.

Le téléphone sonne dans le salon et je ne suis pas surpris quand Tiffany répond. Elle ne dit pas à son interlocuteur qu'elle a un visiteur, mais, à mon grand soulagement, elle se lance dans ce qui promet d'être une longue conversation. Je regarde ma sœur parcourir le salon de long en large, ses grands sabots soulevant des nuages de poussière, et, quand je suis sûr qu'elle ne me surveille plus, je chasse Papa de mon blouson. Puis je remplis l'évier d'eau chaude et savonneuse, je remonte mes manches et j'entreprends de lui sauver la vie.

Piqué des vers

Hugh avait envie de manger des hamburgers, c'est pourquoi nous étions allés lui, son amie Anne et moi, dans un endroit appelé l'Apple Pan. C'était à Los Angeles, une ville dont j'ignore tout. Les noms de certains quartiers me sont familiers à cause de la télévision, mais je ne comprends pas ce que signifie être à Culver City plutôt qu'à, mettons, Silver Lake ou Venice. Quelqu'un suggère une destination et je me contente de suivre le mouvement et d'attendre la surprise.

Je pensais que l'Apple Pan serait un restaurant, mais c'était plutôt un *diner* – pas de tables, des tabourets simplement disposés autour d'un bar en forme de U. On a commandé nos hamburgers à un homme coiffé d'un chapeau en papier et, en attendant qu'ils arrivent, Anne a sorti quelques photos de son bull-terrier. Elle est photographe professionnelle, c'étaient donc des portraits plutôt que des photos-souvenirs. Ici, le chien sortait sa tête de derrière un rideau. Là, le chien était installé, comme un être humain, sur un fauteuil-relax, une patte sur le ventre. Gary, je crois qu'il s'appelait.

Quand elle ne prend pas de photos de son chien, Anne saute d'un avion à l'autre pour réaliser des travaux de commande pour divers magazines. La veille, elle était rentrée de Boston, où elle était allée photographier un pompier dont le nom de famille était Bastardo. « C'est-à-dire *bâtard* avec un O au bout, dit-elle. Vous ne trouvez pas ça drôle ? »

Hugh lui parla de nos voisins en Normandie dont le nom de famille se traduit par « cul chaud », mais à moins de connaître le français, il est difficile de comprendre la plaisanterie.

« Est-ce qu'il y a un trait d'union ? demanda Anne. Je veux dire, est-ce que mademoiselle Cul a épousé monsieur Chaud, ou est-ce en un seul mot ?

— En un seul mot », répondit Hugh.

Estimant que la conversation allait tourner autour du même sujet pendant un moment, je m'apprêtai à y contribuer, conscient de la facilité avec laquelle on peut tomber dans le jeu consistant à surenchérir. Si vous connaissez une Candy Dick, l'autre connaît forcément un Harry Dick ou un Dick Eader. J'avais récemment appris l'existence du pilote de course Dick Trickle[1], mais pour le moment la barre était placée un peu plus haut et je citai Bronson Charles, une femme que j'avais rencontrée au Texas au début de la semaine. Si elle avait été jeune, je me serais interrogé, non pas sur elle, mais sur ses parents, qui se croyaient sans aucun doute très malins. Mais Bronson Charles avait dans les soixante-dix ans et avait pris le nom de son mari. Ce n'était pas drôle, juste bizarre – la dame de bonne famille et le héros de films d'action, dont le sexe, le nom et le genre avaient été inversés. C'était

1. Jeux de mots reposant sur le même principe que nos « M. et Mme X ont une fille. Comment l'ont-ils appelée », etc. Ici : Candy Dick (Queue en Sucre), Harry Dick (Queue Poilue), Dick Eader (Suceur(se) de queue), Dick Trickle (Queue qui pisse) (*N.d.T.*).

comme de rencontrer un homme timide appelé Taylor Elizabeth.

Anne et Hugh s'étaient connus à l'université ; quand nos hamburgers arrivèrent, ils évoquèrent certains de ceux avec qui ils avaient fait leurs études. « Il s'appelait comment, déjà ? Je crois qu'il était dans les arts, Mike, peut-être, ou Mark. Il sortait avec Karen, je crois qu'elle s'appelait comme ça. Ou Kimberley. Tu vois qui je veux dire. »

Ce genre de conversation peut durer des heures et, s'il faut bien s'y résigner, rien n'oblige à l'écouter d'une oreille attentive. Je regardai droit devant moi, suivis les gestes d'un cuisinier au nez cassé qui mettait du fromage sur un hamburger, après quoi je me tournai légèrement sur la gauche et prêtai l'oreille aux deux hommes assis à côté de moi. Il émanait d'eux cette lassitude des gens qui ne peuvent pas se permettre de prendre leur retraite et qui continuent à travailler dur, tels des chevaux, jusqu'au moment où ils tombent. Mon voisin portait un tee-shirt imprimé du blason de l'Etat de Floride et, comme si le climat différait totalement de l'autre côté de la bouteille de ketchup, celui qui était assis près de lui portait un gros pull en laine et un pantalon en velours épais. Un manteau était posé sur ses genoux et, devant lui, sur le comptoir, il y avait un journal et une tasse à café vide. « Tu as entendu parler de ces vers ? » demanda-t-il.

Il faisait référence au flacon de nématodes – des vers minuscules – découverts récemment dans les plaines du Texas. Ils avaient été envoyés dans l'espace à l'intérieur d'une espèce de cercueil spatial et avaient mystérieusement réussi à survivre à l'explosion, dont la cause était toujours inconnue. L'homme au pull-over se malaxa le menton et regarda devant lui. « Je me disais qu'on pourrait résoudre le problème en un rien de temps, dit-il. Il suffirait... il suffirait d'arriver à faire parler ces foutues bestioles. »

C'était complètement absurde, mais je me souviens d'avoir pensé la même chose à propos du chien akita de la victime pendant le procès d'O.J. Simpson. « *Faites-le entrer dans le box. Et écoutons ce qu'il a à nous dire.* » C'était une de ces idées qui, l'espace d'une seconde, semblent parfaitement logiques, la seule solution à laquelle personne d'autre n'avait pensé.

L'homme au tee-shirt réfléchit : « Bon, dit-il, mais à supposer que les vers puissent parler, ça n'apporterait pas grand-chose. N'oublie pas qu'ils étaient dans ce flacon.

— Tu as raison. »

Les hommes se levèrent pour payer et ils n'avaient pas encore atteint la porte que deux personnes qui ne se connaissaient pas prirent leurs places. L'une était un homme vêtu d'un costume élégant et l'autre une jeune femme qui, à peine assise, se mit à lire ce qui avait l'air d'être un scénario. A ma droite, Hugh avait décidé qu'au lieu de Karen ou Kimberley leur camarade s'était appelée Katherine. Pendant que j'écoutais mes voisins, Anne m'avait commandé une part de tarte et, comme je prenais ma fourchette, elle m'expliqua que je devais la manger à l'envers, commencer par le bord extérieur et finir par l'intérieur. « Tu dois terminer par la pointe, et là tu fais un vœu. On ne t'a jamais dit ça ?

— Tu peux répéter ? »

Elle me regarda comme on regarde quelqu'un qui a pour habitude de jeter de l'argent dans le feu. La stupidité ! Le gâchis !

« Bon, mieux vaut tard que jamais », dit-elle en repositionnant mon assiette.

Comme Anne et Hugh reprenaient leur conversation, je pensai à toutes les tartes que j'avais mangées au cours de ma vie et je me demandai quelle différence cela aurait fait si j'avais fait un souhait à chaque pointe. Pour commencer, je ne serais pas assis à l'Apple Pan, voilà qui était certain. Si j'avais fait un souhait à l'âge de huit ans, je serais encore en train de collectionner les momies en Egypte, de les sortir de leurs tombes pour les enfermer dans de lourdes cages en fer. Tous mes souhaits suivants auraient été inspirés par l'existence que j'aurais déjà choisie : une paire de bottes neuves, un plus beau fouet, une meilleure maîtrise du langage des momies. C'est le problème avec les souhaits, ils vous piègent. Dans les contes de fées, ils n'apportent que des ennuis car ils soulignent l'avidité et la vanité de la personne à qui ils sont accordés. Le mieux à faire – et telle est la morale de toutes ces histoires – c'est de ne pas penser à soi et de souhaiter quelque chose qui bénéficiera aux autres, en ayant bon espoir que leur bonheur fera également le vôtre. C'est une belle idée, mais elle exige certainement qu'on s'y habitue.

Depuis notre arrivée, l'Apple Pan s'était peu à peu rempli. Tous les sièges étaient maintenant occupés et les gens attendaient, alignés contre le mur, leurs yeux allant d'un tabouret à l'autre pour estimer quel client devait maintenant payer et partir. En regardant autour de moi, je vis que nous étions les candidats désignés. L'homme au chapeau de papier avait débarrassé les emballages de nos hamburgers et il ne restait plus qu'une seule assiette avec la pointe de ma tarte. Mon souhait fut que les gens alignés contre le mur cessent de nous observer, et puis très vite, mais pas assez vite, je voulus me rétracter.

« Je crois qu'on devrait y aller », dirent Hugh et Anne, et ils sortirent leur portefeuille.

Il y eut un petit échange à propos de qui des deux devait payer – « Je t'invite », « Non, c'est moi » – mais je restai en dehors, songeant à ce que j'aurais pu avoir si je n'avais pas gâché mon souhait. Un laboratoire rempli de matériel ultraperfectionné. Des hommes en blouse blanche, penchés en avant, tremblant d'espoir et d'émerveillement, à qui parvient le son d'une voix flûtée : « Maintenant que j'y pense, dit le ver, il me semble bien avoir remarqué quelque chose de suspect. »

Le poulet dans le poulailler

C'était un de ces hôtels dépourvus de service d'étage, qui vous laissent indifférent quand c'est vous qui payez votre note mais dont vous vous plaignez quand c'est quelqu'un d'autre qui la paie. Comme ce n'était pas moi qui payais la note, tous les défauts me sautaient aux yeux et représentaient pour moi la marque de l'indifférence de mon hôte. Il n'y avait pas de baignoire, rien qu'une cabine de douche en plastique, et le savon était rugueux et sentait le produit de vaisselle. La lampe de chevet n'avait pas d'ampoule, mais on aurait pu y remédier facilement. Il me suffisait d'en demander une à la réception, mais je ne voulais pas d'ampoule. Je voulais seulement me sentir mal traité.

Tout avait commencé quand la compagnie aérienne avait égaré mes bagages. J'avais perdu beaucoup de temps à remplir des formulaires et il m'avait fallu aller directement de l'aéroport à une université située à une heure de Manchester où j'allais donner une conférence à un groupe d'étudiants. Ensuite il y avait eu une réception suivie de quarante-cinq minutes de voiture pour rentrer à l'hôtel qui se trouvait au milieu de nulle part. J'arrivai à une heure du matin et on m'avait réservé une chambre en sous-sol. En pleine nuit c'était sans grande importance, mais pas le matin. Ouvrir les rideaux attirait automatiquement les regards et les habitants du New Hampshire ne se gênaient pas pour être indiscrets. Il n'y avait pas grand-chose à voir, rien que moi, assis au bord du lit, un téléphone à l'oreille. La compagnie aérienne avait juré que ma valise arriverait dans la matinée et comme ce n'était pas le cas, j'appelai le numéro commençant par 800 imprimé à l'intérieur de l'enveloppe de mon billet. J'avais le choix entre parler à une machine ou attendre qu'un être humain fût disponible. Je choisis l'être humain et au bout de huit minutes je raccrochai et me mis en quête d'un coupable.

« Ça m'est égal que ce soit mon fils, mon député, ou qui vous voudrez, je n'approuve pas ce mode de vie. » L'auditrice qui parlait s'appelait Audrey. Elle avait appelé la radio pour donner son opinion. Le scandale de l'Eglise catholique avait fait la une des journaux pendant plus d'une semaine et, une fois épuisé le sujet du prêtre, la discussion porta sur la pédophilie en général puis sur la pédophilie homosexuelle, qui est communément considérée comme la pire de toutes. C'était, dans les débats radiophoniques, un de ces sujets bateau, comme l'évasion fiscale ou les génocides. « Que pensez-vous des hommes adultes qui pratiquent la sodomie sur des petits enfants ?

— Eh bien, je suis *contre* ! »

C'était toujours dit comme s'il s'agissait de quelque chose de stupéfiant, d'une voix minoritaire que personne encore n'avait osé faire entendre.

Je faisais le tour du pays depuis dix jours et partout j'entendais la même chose. L'animateur félicitait l'auditeur de sa grandeur morale et, désireuse de sentir encore cette approbation, la personne reformulait sa première déclaration, l'enjolivant d'un adjectif ou d'un adverbe. « Vous allez me trouver vieux jeu, mais je pense que c'est une chose absolument inacceptable. » Et puis, petit à petit, ils commençaient à confondre les mots *homosexuel* et *pédophile*, comme s'il s'agissait pour eux d'une seule et même chose.

« Et maintenant, ils sont même à la télévision, dit Audrey. Et dans les écoles ! Parlons-en, du poulet dans le poulailler.

— Renard[1], dit l'animateur.

— Oh, ce sont les pires, dit Audrey. *Les Simpsons*, tout ça – je ne regarde jamais cette chaîne.

— Je voulais dire dans le poulailler, dit l'animateur. Je crois qu'on dit "le renard dans le poulailler", pas "le poulet dans le poulailler".

Audrey se ressaisit.

« J'ai dit poulet ? Mais je me fais comprendre. Ces homosexuels ne peuvent pas se reproduire alors ils vont dans les écoles et ils essaient de recruter nos jeunes. »

Ce n'était rien que je n'avais déjà entendu, mais j'étais plus irritable que de coutume et, debout au milieu de la chambre, un pied dans sa chaussette l'autre sans, je me surpris à hurler au radio-réveil : « Personne ne m'a recruté, *moi*, Audrey ! Et je les ai *suppliés* ! »

C'était *sa* faute si je me retrouvais collé dans une chambre en sous-sol sans mes bagages, sa faute à elle et celle de tous les gens comme elle : les familles suffisantes qui passaient du parc de stationnement au restaurant du rez-de-chaussée, les clients de l'hôtel qui avaient des bains à remous et des chambres avec vue sur la forêt. *Une vue à un homosexuel, à quoi*

1. Allusion à la chaîne de télévision Fox TV (Fox : renard) (*N.d.T.*).

bon ? Il ne regarde que le rectum des petits écoliers. Et une valise ? Allons donc ! Tout le monde sait ce qu'ils font avec ! Ils n'allaient peut-être pas jusqu'à dire les choses en ces termes, mais c'était sûrement ce qu'ils pensaient. Je le savais.

Il était logique que, si le monde conspirait contre moi, ma machine à café fût cassée. Posée sur le comptoir de la salle de bains, elle cracha de l'eau froide et, après avoir poussé un cri bref et totalement frustrant, j'achevai de m'habiller et quittai la chambre. Au bout du couloir, il y avait un escalier et, à côté, un petit espace où une dizaine de femmes mûres, accroupies sur la moquette, confectionnaient un patchwork. Elles levèrent la tête quand je passai et l'une d'entre elles se tourna pour me poser une question. « Challez à l'égliche ? » Elle avait la bouche pleine d'épingles et il me fallut un moment pour comprendre ce qu'elle disait – Vous allez à l'église ? C'était une étrange question, mais je me rappelai ensuite qu'on était dimanche et que je portais une cravate. La veille, à l'université, quelqu'un me l'avait prêtée et je l'avais mise dans l'espoir de détourner l'attention de ma chemise, qui était froissée et décolorée sous les bras. « Non, lui dis-je. Je ne vais *pas* à l'église. » Oh, j'étais d'une humeur excécrable. Dans l'escalier, je m'arrêtai à mi-hauteur et me retournai. « Je ne vais *jamais* à l'église. Jamais. Et je ne vais sûrement pas commencer maintenant.

— Ch'est vous qui déchidez », dit-elle.

Après le restaurant et la boutique de souvenirs, au centre de la réception, se trouvait un comptoir offrant des boissons gratuites. Je pensai prendre un café et l'emporter à l'extérieur mais, à l'instant où j'approchais, un garçon se matérialisa et commença à se préparer un chocolat chaud. Il avait la même allure que tous les jeunes que j'avais vus récemment dans des aéroports ou des parkings : les sweat-shirts extra-larges portant le logo d'une équipe sportive, les jeans baggy et les tennis tape-à-l'œil. Il avait une grosse montre en plastique, comme un yo-yo fixé à son poignet, et ses cheveux semblaient avoir été taillés à l'aide d'un couvercle de boîte de conserve, les mèches irrégulières raidies au gel pour dessiner des angles bizarres.

C'était une affaire compliquée, la préparation d'un chocolat chaud. Il fallait répandre la poudre de cacao sur toute la table et employer autant de bâtonnets en plastique que possible en veillant à en mâchonner parfaitement les bouts humides avant de les jeter sur la pile de serviettes non usagées. C'est ce que j'aime chez les enfants : une attention extrême à un détail et une indifférence absolue à un autre. Lorsqu'il en eut terminé, il fila jusqu'au distributeur de café, remplit deux gobelets, et leur mit un couvercle. Les boissons furent empilées les unes sur les autres puis prudemment soulevées. « Wouah ! » chuchota-t-il. Le chocolat chaud fuyait de sous le couvercle du gobelet inférieur et coulait sur sa main.

« Tu as besoin d'aide ? » demandai-je.

Le garçon me considéra un moment.

« Ouais, dit-il. Portez ça là-haut. »

Il n'y eut ni *s'il vous plaît* ni *merci*, juste « Moi, je monte le chocolat chaud ».

Il reposa les cafés sur la table et, en m'apprêtant à les prendre, je songeai que ce n'était peut-être pas une si bonne idée. J'étais un inconnu, homosexuel avoué, en voyage dans une petite ville et il avait, quoi, dix ans. Et il était seul. La voix de la raison me chuchota à l'oreille : *Laisse tomber, mon coco. Tu joues avec le feu.*

Je baissai les mains, puis m'arrêtai, pensant : *Une*

minute. Ce n'est pas la voix de la raison. C'est Audrey, cette foldingue à la radio. La véritable voix de la raison ressemble à celle de l'actrice Bea Arthur et, comme elle ne se faisait pas entendre, je pris les cafés sur la table et les emportai vers l'ascenseur où le garçon était en train d'enfoncer le bouton d'appel de ses doigts dégoulinants de chocolat.

Une femme de chambre passa devant le réceptionniste et leva les yeux au ciel.

« Charmant garçon. »

Avant le scandale de l'Eglise j'aurais dit la même chose, moins le sarcasme. Mais à présent, toute remarque de ce genre éveillait les soupçons. Audrey ne voudrait peut-être pas le croire, mais je ne suis pas physiquement attiré par les enfants. Pour moi, ce sont des animaux, amusants à regarder, mais très éloignés des limites de mon imagination sexuelle. Cela dit, je suis le genre de personne qui se sent coupable de crimes qu'elle n'a jamais commis, ou pas depuis des années. Si la police fouille une gare à la recherche d'un violeur en série, je me cache le visage derrière le journal, en me demandant si je ne l'ai pas fait durant mon sommeil. La dernière chose que j'ai volée, c'est une cassette de huit chansons, mais aujourd'hui encore je suis incapable d'entrer dans un magasin sans me faire l'effet d'être un voleur à l'étalage. C'est toute l'angoisse du crime sans le profit. Pour compliquer un peu les choses, je suis affecté d'un sérieux problème de transpiration. Ma conscience est reliée à mes glandes sudoripares, mais il y a un court-circuit dans le système et je me retrouve inondé quand je n'ai rien fait, ce qui me rend d'autant plus suspect. Proposer innocemment d'alléger le fardeau d'un enfant était une bonne chose – je le savais – mais, quelques instants après avoir pris les cafés sur la table, j'étais trempé. Comme d'habitude, je transpirais plus violemment sur le front, sous les bras et, cruellement, entre les fesses, ce qui représente pour moi un grand mystère. Si la tension se prolonge, je sens les gouttes ruisseler derrière mes jambes et finir leur course dans mes chaussettes, qui sont en coton et ont été expressément achetées pour leur qualité absorbante.

S'il y avait eu une caméra de surveillance dans le couloir, voilà ce qu'elle aurait filmé : un garçon d'environ un mètre cinquante en train d'enfoncer le bouton d'appel de l'ascenseur puis de tambouriner dessus. A côté de lui, un homme, peut-être plus grand de trente centimètres, portant chemise et cravate, et tenant dans chaque main un gobelet muni d'un couvercle. Est-ce qu'il pleut dehors ? Si ce n'est pas le cas, il vient peut-être de sortir de la douche et il a enfilé ses vêtements sans se sécher. Ses yeux furètent d'un côté et de l'autre, comme s'il cherchait quelqu'un. Peut-être ce monsieur aux cheveux blancs ? Il vient de monter, très élégant en veste de tweed et casquette assortie. Il parle au garçon et lui passe la main sur la nuque, peut-être pour l'admonester, ce qui est une bonne chose, car il fallait que quelqu'un le fasse. L'autre homme, celui qui est trempé, reste là, debout, avec les tasses, et il essaie en même temps de s'essuyer le front sur sa manche. Un couvercle saute et un liquide – on dirait du café – éclabousse le devant de sa chemise. Il sursaute, il fait presque un faux bond, et écarte le tissu de sa peau. Le garçon a l'air en colère maintenant et il dit quelque chose. Le monsieur âgé lui offre un mouchoir et l'homme pose l'une des tasses et court – il court littéralement, haletant –, quitte le champ de la caméra, revient au bout de trente secondes avec une autre tasse couverte pour remplacer la première. Entre-temps, l'ascenseur est arrivé. Le monsieur tient la porte ouverte et le garçon et lui attendent que l'homme ramasse l'autre gobelet par terre et se joigne à eux. Puis la porte se ferme et ils disparaissent.

« Alors, à qui avons-nous l'honneur ? » demanda le monsieur.

Il avait la voix joviale et enthousiaste.

« Comment t'appelles-tu, mon grand ?

— Michael, répondit le garçon.

— Voilà un nom d'adulte, n'est-ce pas ? »

Michael acquiesça, l'homme croisa mon regard et sourit, à la manière des gens qui établissent une complicité. *Et si on les faisait un peu marcher, ces gosses, qu'en dites-vous ?*

« Je parie qu'un grand garçon comme toi doit avoir un tas de fiancées, dit-il. C'est vrai ?

— Non.

— *Non ?* Et pourquoi ça ?

— Je ne sais pas. J'en ai pas, c'est tout », répondit Michael.

Je détestais toujours quand les hommes posaient la question des filles. C'était non seulement ringard, mais c'était une façon de glisser dans leur imagination une situation qui me semblait privée. Si la réponse était oui, ils vous voyaient en train de faire votre cour au rabais : le dîner aux chandelles avec des hot dogs et des chips, les draps Snoopy froissés. Si la réponse était non, vous étiez un frustré, un petit puceau de classe de seconde. C'était une manière de voir les enfants comme des miniatures d'adultes, ce qui à mes yeux était aussi drôle qu'un chien affublé de lunettes de soleil.

« Mais il doit bien y en avoir *une* qui t'intéresse. »

Le garçon ne répondit pas, mais l'homme insistait pour le faire parler.

« Maman fait la grasse matinée ? »

Toujours rien.

L'homme se résigna et se tourna vers moi.

« Votre femme, dit-il. Je suppose qu'elle est encore couchée ? »

Il croyait que j'étais le père de Michael et je ne fis rien pour le corriger.

« Oui, dis-je. Elle est là-haut... ivre morte. »

J'ignore pourquoi je lui dis cela, ou bien non, il se peut que je le sache. L'homme avait brossé un petit portrait de famille et je trouvais un certain plaisir à le retoucher. Il y avait Michael, le papa de Michael et puis il y avait maman, à plat ventre dans la salle de bains.

L'ascenseur s'arrêta au troisième et l'homme toucha sa casquette.

« Bien, bien, dit-il. Passez une bonne matinée tous les deux. »

Michael avait appuyé sur le bouton du cinquième pas moins de vingt fois et pour faire bonne mesure il lui donna quelques coups supplémentaires. Nous étions seuls à présent et quelque chose de désagréable me traversa l'esprit.

Parfois, quand je me trouve dans une situation délicate, j'éprouve le besoin de toucher la tête de quelqu'un. Cela se produit souvent en avion. Je regarde la personne assise en face de moi et en une seconde l'idée passe de la possibilité au besoin compulsif. Je n'ai pas le choix – il faut que je le fasse, c'est tout. La méthode la plus simple consiste à faire comme si je voulais me lever en m'aidant du siège avant et de m'arranger pour toucher du bout des doigts les cheveux de la personne. « Oh, pardon, dis-je. – Il n'y a pas de mal. »

Le plus souvent, je vais jusqu'au bout, je quitte mon siège puis je marche jusqu'à l'arrière de l'appareil ou bien je vais aux toilettes où je m'attarde quelques minutes, le temps de lutter contre ce qui, je le sais, sera inexorable : j'ai besoin de toucher à nouveau la tête de la personne. L'expérience m'a appris qu'on peut le faire trois fois avant que le propriétaire de la tête vous gueule dessus ou appelle l'hôtesse de l'air. « Il y a un problème ? demande-t-elle.

— Non, je ne crois pas.

— Comment ça, "non" ? dit le passager. Ce cinglé n'arrête pas de me toucher la tête.

— C'est vrai, monsieur ? »

Ce n'est pas toujours une tête. Parfois il faut que je touche un sac ou un cartable précis. Quand j'étais enfant, ce type d'obsession compulsive constituait ma vie, mais à présent je ne cède que lorsque je me trouve dans une situation où il m'est interdit de fumer : dans un avion – comme je viens de le raconter – et dans un ascenseur.

Vas-y, touche la tête de ce garçon, me dis-je. *Le vieux monsieur l'a fait, alors pourquoi pas toi ?*

Me rappeler à l'ordre en me disant que c'est un geste déplacé ne fait que rendre la voix plus insistante. La chose doit être faite *parce qu'*elle est déplacée. Si ce n'était pas le cas, il n'y aurait aucune raison de s'embêter avec ça.

Il ne s'en apercevra même pas. Touche-le maintenant, vite.

Si nous étions dans un vol long-courrier, la bataille aurait été perdue pour moi, mais heureusement nous n'allions pas loin. L'ascenseur s'arrêta au cinquième étage et je me précipitai dehors, posai les cafés sur la moquette et allumai une cigarette.

« Tu vas devoir m'accorder une minute, dis-je.

— Mais ma chambre est au bout du couloir. Et on n'a pas le droit de fumer.

— Je sais, je sais.

— Ce n'est pas bon pour vous, dit-il.

— C'est vrai pour beaucoup de gens, lui dis-je. Mais je *t'assure* que c'est bon pour moi. Tu peux me croire sur parole. »

Il s'appuya contre une porte et ôta la pancarte marquée NE PAS DÉRANGER, l'examinant un moment avant de la fourrer dans sa poche de derrière.

Je n'avais besoin de fumer qu'une minute, mais quand j'eus fini, je vis qu'il n'y avait pas de cendrier. A côté de l'ascenseur, il y avait une fenêtre, mais naturellement elle ne s'ouvrait pas. Les hôtels. Ils font tout ce qui est en leur pouvoir pour vous donner envie de vous défenestrer et ensuite ils veillent à ce que ce ne soit pas possible.

« Tu as fini ton chocolat ? demandai-je.

— Non.

— Bon, tu n'as plus besoin du couvercle ?

— Je crois pas. »

Il me le donna et je crachai au centre – pas facile à faire, car j'avais la bouche complètement sèche. Cinquante pour cent de mon eau corporelle coulaient entre mes fesses et l'autre moitié était en transit.

« C'est dégueulasse.

— Ouais, mais il va falloir que tu me pardonnes. »

J'écrasai la cigarette dans le crachat, posai le couvercle sur la moquette et ramassai les cafés.

« Bon. On va où ? »

Il indiqua un long couloir et je le suivis, tenaillé par une question qui me taraudait depuis des années. Et si tu avais un bébé et que... qu'il fallait absolument que tu le touches là où tu sais qu'il ne faut pas. Je ne veux pas dire que tu en aurais envie. Tu n'éprouverais pas plus de *désir* pour ce bébé que pour la personne dont tu viens de toucher la tête. Ce serait un geste pulsionnel plutôt que sexuel, et si pour toi la différence était grande, tu ne pourrais pas espérer qu'un procureur, et encore moins un bébé, l'admettraient. Tu serais un parent abusif et dès que l'enfant pourrait parler et que tu lui dirais de ne rien dire à personne, tu deviendrais un manipulateur – un monstre, en bref – et la raison profonde de tes actes n'aurait plus aucune importance.

Plus nous approchions de l'extrémité du couloir, plus je devenais anxieux. Je n'avais pas levé la main sur la tête de ce garçon. Je n'ai jamais touché ni palpé des doigts un bébé ou un enfant, alors pourquoi ce sentiment d'être dégueulasse ? Pour une part, c'était à cause de ma constitution, de cette croyance profondément ancrée que je mérite la chambre en sous-sol, mais une autre part, plus grande et plus hideuse, avait un rapport avec les voix que j'entends à la radio et avec la tendance que j'ai, malgré moi, à leur prêter attention. L'homme dans l'ascenseur n'avait pas réfléchi à deux fois avant de poser à Michael des questions intimes ou de lui passer la main sur la nuque. Parce qu'il n'était ni prêtre ni homosexuel, il n'avait pas ressenti la nécessité de prendre garde, de se soucier de la manière dont le moindre mot ou le moindre geste risquaient d'être interprétés. Il pouvait tranquillement déambuler dans des couloirs en compagnie d'un garçon qu'il ne connaissait pas, tandis que pour moi, cela équivalait à un geste politique – destiné à démontrer que j'étais aussi inoffensif que n'importe quel autre type. Oui, je suis homosexuel ; oui, je dégouline de sueur ; oui, il m'arrive de ressentir le besoin impérieux de toucher la tête des gens, mais je suis capable de raccompagner un garçon de dix ans jusqu'à sa chambre en toute sécurité. Cela m'ennuyait d'être obligé d'apporter la preuve d'une chose aussi élémentaire. Et de l'apporter à des gens que je n'avais aucun espoir de convaincre un jour.

« C'est là », dit Michael.

Derrière la porte, j'entendais le son d'une télévision. Un de ces programmes dominicaux du matin, une heure pendant la semaine où toutes les nouvelles sont de bonnes nouvelles. L'aveugle Jimmy Henderson entraîne une équipe de volley-ball. On pose un plâtre sur la patte arrière d'une marmotte blessée. Ce genre de choses. Le garçon introduisit sa carte dans la fente et la porte s'ouvrit sur une chambre lumineuse et bien meublée. Elle était deux fois plus grande que la mienne, avec un plafond plus haut et un coin salon. Une fenêtre donnait sur le lac et l'autre sur un bouquet d'érables écarlates.

« Ah, tu es revenu », dit une femme.

De toute évidence, c'était la mère du garçon, car ils avaient un profil identique, avec un front qui, presque sans transition visible, devenait un nez droit couvert de taches de rousseur. Ils avaient aussi les mêmes cheveux blonds en épis, mais pour elle j'imaginai plutôt une coiffure accidentelle, l'effet de la pile d'oreillers sur laquelle sa tête s'appuyait. Couchée sous les couvertures d'un lit à baldaquin, elle examinait l'une des nombreuses brochures éparpillées sur l'édredon. Un homme dormait à côté d'elle et, quand elle parla, il remua légèrement et se couvrit le visage de son bras replié.

« Tu en as mis du temps. »

Elle regarda en direction de la porte ouverte et ses yeux s'écarquillèrent en rencontrant les miens.

« Qu'est-ce qui se... »

Il y avait un peignoir jaune au pied du lit. La femme se leva en me tournant le dos et l'enfila. Son fils voulut prendre les cafés et je serrai les doigts, peu désireux de céder ce qui à présent était devenu pour moi des accessoires. Ils faisaient de moi, l'étranger, un étranger aimable, et je m'étais vu en train de m'y agripper au cas où ses parents auraient bondi sur moi en exigeant de savoir ce qui se passait.

« Donnez-les-moi », dit-il et, plutôt que de provoquer une scène, j'ouvris les doigts.

Les cafés changèrent de main et je sentis ma résolution commencer à s'effriter. Les mains vides, je n'étais plus qu'un type louche, le gars bizarre tout trempé sorti de son sous-sol. La femme alla jusqu'à la coiffeuse et elle m'appela au moment où la porte allait se fermer.

« Hé, dit-elle, une minute ! »

Je me tournai, prêt à affronter le combat d'une vie, mais elle s'avança et me mit un dollar dans la main.

« Votre hôtel est très agréable, dit-elle. Dommage que nous ne puissions pas rester plus longtemps. »

La porte se referma et je me retrouvai seul dans le couloir désert, les yeux baissés sur mon pourboire, en pensant : *C'est tout ?*

Qui est le chef ?

« Mon chef a une main en caoutchouc », dis-je aux hôtes parisiens que nous avions invités à dîner le soir de mon seul et unique jour de travail.

En français, le mot *patron* est le même que celui que nous employons pour *chef* et donc il eut encore plus d'effet que ce que j'escomptais. Un chef cuistot avec une main en caoutchouc. On se dit qu'elle risque de fondre.

Nos hôtes se penchèrent au-dessus de la table, ne sachant pas avec certitude si j'avais choisi le mot juste.

« Ton chef ? Tu travailles depuis quand ? »

Ils s'adressèrent à Hugh pour obtenir confirmation :

« Il a un travail ? »

Pensant, sans doute, que je ne remarquerais rien, Hugh posa sa fourchette et silencieusement forma avec les lèvres les mots : « C'est du bénévolat. » C'est la manière dont il le dit qui m'irrita – pas directement, mais en chuchotant à peine, comme on peut le faire si votre petit de trois ans est intarissable sur sa grande journée d'école : « C'est la crèche. »

Bénévolat ou pas, dis-je, j'avais quand même un chef. Et sa main était en caoutchouc.

J'avais réfléchi à ce détail pendant des heures, j'avais même répété la phrase et vérifié plusieurs fois dans le dictionnaire le sens de tous les mots importants. Je ne sais pas ce que j'espérais – mais certainement pas ça.

« Je suis sûr que ce n'est pas *réellement* du caoutchouc, dit Hugh. Ça doit être une sorte de plastique. »

Les amis acquiescèrent, mais aucun n'avait vu mon chef, aucun ne l'avait vu enfoncer tranquillement un crayon entre ses doigts synthétiques. Une main en plastique n'aurait pas été aussi souple. Une main en plastique aurait fait un bruit différent contre le bureau.

« Je sais ce que j'ai vu, dis-je. C'était une main en caoutchouc et elle avait l'odeur d'une gomme. »

Si quelqu'un me disait que la main de son patron avait l'odeur d'une gomme, je ne discuterais pas et je me le tiendrais pour dit. Mais Hugh avait une de ses sautes d'humeur.

« Quoi, ce type t'a donné sa main à sentir ?

— Non. Pas exactement.

— Bon, alors c'est du plastique.

— Ça veut dire quoi ? Que tout ce qu'on ne vous met pas directement sous le nez est en plastique ? C'est la nouvelle loi ? »

L'une des résolutions que nous avions prises ensemble au nouvel an était de cesser de nous quereller devant les amis, mais il ne me rendait pas la tâche facile.

« La main est en caoutchouc, dis-je. En caoutchouc lourd, comme du pneu.

— Alors elle est gonflable ? »

Les hôtes éclatèrent de rire devant la petite blague de Hugh et je les exécrai pendant un moment. Imaginer une main gonflable est ridicule et sans aucun intérêt. Comment pouvaient-ils ne pas le voir ?

« Ecoutez, dis-je, ce n'est pas une chose que j'ai vue dans une vitrine. J'étais là, dans la même pièce.

— Très bien, dit Hugh. Quoi d'autre ?

— Comment ça, quoi d'autre ?

— Ton travail bénévole. Donc, ton patron a une main artificielle – quoi d'autre ? »

Laissez-moi expliquer qu'il n'est pas facile d'effectuer un travail bénévole à Paris. Le gouvernement paie les gens pour faire pratiquement tout, d'autant plus pendant une année d'élections, et, le jour de ma visite au centre de travail bénévole, la seule activité disponible consistait à guider des aveugles dans une station de métro de la ville. Le programme était supervisé par mon chef, qui disposait d'un bureau temporaire dans une petite pièce sans fenêtre à côté du guichet. Ce n'était pas ma faute si aucun aveugle ne s'était présenté.

« Ecoutez, dis-je. J'ai passé six heures dans une réserve, avec un homme qui a une main en caoutchouc et qui faisait comme si je n'étais pas là. Comment ça, quoi d'autre ? Que te faut-il d'autre ? »

Les amis me regardaient sans comprendre et je m'aperçus que j'avais parlé en anglais.

« En français, dit Hugh. Dis-le en français. »

C'était une de ces occasions où on sent vraiment la différence entre parler et s'exprimer. Je connaissais les mots – *aveugles, année d'élection, réserve* – mais, même associés à des verbes et des pronoms, ils n'aboutissaient pas au sens que j'avais besoin de leur donner. En anglais, mes phrases étaient capables de faire double usage, de dire à la fois que j'avais travaillé bénévolement et que Hugh n'avait pas prêté l'oreille à la seule et unique aventure vraiment intéressante qui m'était arrivée depuis notre installation à Paris, et qu'il allait me le payer.

« Laisse tomber, dis-je.

— A ta guise. »

Je quittai la table pour aller chercher un verre d'eau et, à mon retour, Hugh parlait de M. DiBiasio, le plombier qui remplaçait l'évier de notre salle de bains.

« Il n'a qu'un bras, dis-je à nos hôtes.

— Non, dit Hugh. Il en a deux.

— Oui, mais il y en a un qui est paralysé.

— Bon, mais il l'a toujours. Il est là. Il remplit sa manche. »

Hugh fait toujours ça, il me contredit devant tout le monde. Et je fis donc comme je faisais toujours, c'est-à-dire poser une question et ne pas lui laisser la possibilité d'y répondre.

« Définis ce qu'est *un bras*, dis-je. Si tu parles de cette longue chose poilue qui pend de ton épaule, d'accord, il en a deux, mais si tu parles d'une longue chose poilue qui remue et qui fait des trucs alors il en a un seul, exact ? Je suis bien placé pour le savoir. C'est moi qui ai monté trois foutus étages avec l'évier. Moi, pas toi. »

Les hôtes commençaient à être mal à l'aise, mais ça m'était égal. Techniquement, Hugh avait raison, le plombier avait deux bras, mais nous n'étions pas au tribunal et nul ne serait puni pour une petite exagération. Les gens aiment les images ; elles leur fournissent l'occasion de faire autre chose que simplement écouter. N'avions-nous pas déjà parlé de tout ça ? Au lieu de me soutenir, il me faisait passer pour un menteur et, oh, je le haïssais pour ça.

Une fois ma crédibilité anéantie avec le plombier manchot, c'en était fini pour la main en caoutchouc. Les hôtes ne pensaient même plus au plastique, ils pensaient à une main parfaitement fonctionnelle, faite de chair, d'os et de muscles. L'image avait été effacée et ils ne comprendraient jamais qu'une main se définit par sa mobilité plutôt que par sa forme. Celle du chef avait des ongles, des plis – on aurait pu probablement lui dire la bonne aventure en lisant dans sa paume –, mais elle était rose et raide, comme un faux appendice dont on se servirait pour dresser un animal dangereux à donner une poignée de main. Je ne sais pas comment elle était attachée, ni où, mais je suis pratiquement sûr qu'il pouvait la retirer sans beaucoup de difficulté. Assis là-bas, seul avec lui à attendre des aveugles qui ne venaient jamais, je tentai de me représenter la main sur une table de chevet, si c'était bien là qu'il la posait. Il n'était sans doute pas utile de la garder pour dormir, la chose n'était pas spécialement pratique ; les doigts ne s'ouvraient ni ne se fermaient. C'était juste un leurre, comme une perruque ou des faux cils.

La conversation se poursuivit tant bien que mal, mais la soirée était fichue. Tout le monde le sentait. Quelques minutes encore et les invités allaient consulter leur montre et parler de la baby-sitter. Ils reprendraient leurs manteaux et nous resterions dans le couloir à nous redire adieu tandis qu'ils descendraient l'escalier. Je débarrasserais la table et Hugh ferait la vaisselle, muets l'un comme l'autre, et nous demandant tous les deux si là n'était pas la goutte qui faisait déborder le vase. « J'ai appris que vous avez rompu pour une histoire de main en plastique », dirait-on, et ma rage repartirait de plus belle. Le conflit se prolongerait jusqu'à la mort de l'un de nous deux et même alors il ne s'apaiserait pas. Si je partais le premier, on graverait sur ma tombe C'ÉTAIT DU CAOUTCHOUC. Hugh prendrait sans doute la concession voisine et achèterait une pierre tombale plus grande, afin d'y graver NON, C'ÉTAIT DU PLASTIQUE.

Vivant ou mort, je ne connaîtrais aucun répit, et donc je n'en parlai plus, comme il se doit quand on dépend totalement de quelqu'un. Au cours des semaines suivantes, je me représenterais la main en train de dire au revoir ou levée pour arrêter un taxi – de vivre sa petite vie comme je vivais la mienne. Hugh demanderait pourquoi je souriais et je répondrais « Oh, pour rien », et j'en resterais là.

Bébé Einstein

Ma mère et moi étions sur la plage, chacun en train d'appliquer de l'huile solaire sur le dos de l'autre, et nous nous demandions qui de mes frères et sœurs serait le premier à avoir des enfants. « Je crois que ce sera Lisa », dis-je. C'était au début des années 70. Lisa avait peut-être quatorze ans et si elle ne se montrait pas nécessairement maternelle, elle faisait les choses dans l'ordre. Le mariage était ce qui venait après le diplôme universitaire et un bébé ce qui venait après le mariage.

« Je te parie, dis-je, qu'à vingt-six ans Lisa aura... (un trio de crabes s'approchait d'un sandwich abandonné et j'y vis un signe) Lisa aura trois enfants. »

Je me sentais une veine prophétique, mais ma mère la récusa. « Non, dit-elle, ce sera d'abord Gretchen. » En plissant les yeux elle regarda en direction de sa deuxième fille qui, debout au bord de l'eau, lançait des bouts de viande aux mouettes. « C'est marqué sur ses hanches. Ce sera Gretchen, puis Lisa, puis Tiffany.

— Et Amy ? » demandai-je.

Ma mère réfléchit un moment.

« Amy n'aura pas d'enfant, dit-elle. Amy aura un singe. »

Je ne cherchai pas à m'intégrer dans la prophétie des bébés, car il m'était impossible d'imaginer une époque où les homosexuels, fût-ce au moyen de l'adoption ou de la location d'utérus, pourraient fonder des familles à eux. Je n'intégrai pas mon frère car, chaque fois que je le regardais, je le trouvais en train de détruire quelque chose, non par accident, mais avec détermination et jubilation. Son bébé, il l'aurait démembré, dans l'intention délibérée de le reconstituer, mais un contretemps se présenterait – un film de karaté à voir, l'occasion de manger une douzaine de tacos – et la reconstitution passerait à la trappe.

Ni ma mère ni moi ne pouvions imaginer que ce garçon qui brisait des bouteilles sur l'allée de notre bungalow serait le premier et le seul d'entre nous à avoir un enfant. A ce moment, elle serait décédée depuis longtemps et mes sœurs, mon père et moi serions seuls pour affronter le choc. « C'est arrivé si vite », nous dirions-nous les uns les autres, parlant comme si Paul était comme nous et que dix années de palabres précédaient chacune de ses actions. Mais il n'est pas comme nous et, dans sa version des faits, le débat s'acheva sur ces simples mots : « Enlève ta culotte. » Kathy s'exécuta et, peu après leur mariage, il m'appela pour annoncer qu'elle était enceinte.

« Depuis quand ? » demandai-je.

Paul éloigna le récepteur de sa bouche et cria en direction de l'autre pièce : « Mama, il est quelle heure ?

— Tu l'appelles “ Mama ” ? »

Il cria à nouveau et je lui dis qu'il était quatre heures de l'après-midi à Paris et donc dix heures du matin à Raleigh.

« Alors, elle est enceinte depuis quand ? »

D'après lui, cela faisait neuf heures. Ils avaient utilisé un test de grossesse. Le soir précédent, celui-ci s'était révélé négatif. Ce matin, il était positif et Kathy était devenue Mama, ce qui changerait ensuite pour Big Mama et enfin, sans raison particulière, pour Mama D.

Quand mon ami Andy et sa femme apprirent qu'ils allaient avoir un bébé, ils gardèrent le secret durant huit semaines. C'est, ainsi que je le découvris, une attitude assez répandue. Le fœtus était minuscule – un amas de cellules pleines de bonnes intentions – et, comme avec tout ce qui est informe, il y avait de fortes chances pour qu'il se disperse. Une fausse couche changeait les futurs parents en objets de compassion, donc nul n'a envie de se dévoiler trop tôt.

« Ce n'est pas pour te décourager, dis-je à Paul, mais tu devrais peut-être garder ça pour toi pendant un bout de temps. »

Il s'éclaircit la gorge et je compris que Kathy et lui étaient au téléphone depuis des heures et que j'étais probablement le dernier qu'ils appelaient.

Ce que je considérais comme un dégré raisonnable de prudence, il l'évacua comme du « nonisme » :

« Je te l'enchaînerai s'il le faut, mais y a pas un bébé à moi qui essaiera de quitter la matrice. »

Après avoir raccroché, il partit acheter une chaise haute, une table à langer et un bavoir marqué J'AIME MON PAPA. Je pensai à ces enfants qu'on voit parfois dans des manifestations. BÉBÉ POUR LA PAIX, proclamaient leurs tee-shirts ou, c'était mon préféré, JE SUIS SI CONTENT QUE MA MAMAN N'AIT PAS AVORTÉ.

« Tu ne devrais pas plutôt attendre que le bébé puisse parler et dire ce genre de chose lui-même ? demandai-je. Ou au moins jusqu'à ce qu'il ait un vrai cou. Qu'est-ce que tu as à acheter des bavoirs ? »

Quand il me rappela, il se trouvait au comptoir

d'un magasin de jouets et achetait toute la série de Bébé Einstein.

« Ça m'est égal que ce soit un garçon ou une fille, mais ce petit enfant de salaud aura un cerveau.

— C'est sûr qu'il ne lui viendra pas de ses parents, dis-je. Kathy n'est même pas allée chez le médecin et déjà tu as des vidéos ?

— Et un berceau aussi, et tu sais quoi, ça coûte la peau des fesses.

— Autant que d'appeler la France avec un portable un mercredi matin », dis-je.

Mais encore une fois je n'avais pas tenu compte de mon interlocuteur. Mon frère ne peut pas vivre sans respirer dans un téléphone. Si vous êtes un ennemi, il vous appelle une fois par jour seulement, mais si vous faites partie de la famille et que vous êtes relativement en bons termes, vous pouvez être sûr d'avoir de ses nouvelles à peu près toutes les huit heures. Il y a l'argent qu'il dépense pour nous appeler et puis l'argent que mes sœurs et moi dépensons en nous appelant les uns les autres pour parler de la fréquence des appels de notre frère.

Une fois la grossesse devenue officielle, il appela encore plus souvent. « Grand jour, vieux. On emmène Mama faire son test Corky. » Corky était un personnage d'une série de télévision du début des années 90, interprété par un jeune homme atteint de trisomie. Ma sœur Lisa reçut le message elle aussi et ne savait pas si le test consistait à chercher un vingt et unième chromosome triploïde ou à déterminer si le fœtus pouvait devenir comédien. « Je suis sûre qu'aujourd'hui on peut trouver le gène du théâtre », dit-elle.

Vers le sixième mois, la seule surprise qui restait, c'était le sexe du bébé. Paul et sa femme faisaient des conjectures, mais ni l'un ni l'autre n'avaient envie de savoir. Ça portait malheur, disaient-ils, mais en quoi était-ce moins funeste que de meubler la chambre d'enfant ou de rédiger à l'avance les enveloppes des faire-part de naissance ? Comme tout le monde dans la famille, j'avais une liste de prénoms possibles et j'appelai de temps à autre pour les proposer : Dusty, Ginger, Kaneesha – tous étaient rejetés. Les entrepreneurs et les charpentiers avec lesquels travaille mon frère suggéraient également des noms, inspirés pour la plupart par la guerre en cours ou par l'image de l'Amérique en tant que phare un peu terni mais toujours lumineux. Liberty était un prénom populaire, tout comme Glory, ou Vendetta, avec ses sonorités un peu italiennes, ou encore Enculé de Saddam qui, ainsi que le souligna mon père, laissait peu de place à un deuxième prénom. Tous ceux qu'il suggérait étaient grecs et proposés sans égards pour les moqueries inévitables qu'ils provoqueraient. « Tu ne peux pas entrer au cours moyen avec un prénom comme Hercule, lui dit Lisa. C'est également vrai de Lesbos, et ne me dis pas que c'est joli. »

Ensuite il y eut la question du prénom d'un grand-parent qu'il fallait donner à l'enfant. Lou et Sharon constituaient une option, mais il fallait aussi penser aux parents de Kathy. « Ah, oui, dit ma sœur Amy. Eux. » Les Wilson, très sympathiques au demeurant, étaient à nos yeux des intrus, une menace potentielle entre nous et ce que nous considérions maintenant comme le bébé Sedaris. « Les parents de Kathy n'ont-ils pas *déjà* un petit-fils ou une petite-fille ? » demandai-je, comme si un petit-enfant était comme un numéro de Sécurité sociale ou une colonne vertébrale – quelque chose dont on n'avait besoin qu'en un seul exemplaire. Nous les jugeâmes avides et capables de tout, mais quand vint le moment de se battre nous abandonnâmes la partie. A la naissance du bébé, leur équipe était au complet tandis que nous n'étions représentés que par Lisa et notre père. Kathy resta quinze heures dans la salle de travail avant que les médecins décident d'un accouchement par césarienne. La nouvelle fut annoncée dans la salle d'attente et le moment venu mon père consulta sa montre et dit : « Bon, là, ils doivent être en train de l'ouvrir. » Après quoi il rentra chez lui pour nourrir le chien. A ce stade, il n'y avait plus aucune différence entre baptiser l'enfant Lou ou le baptiser Adolph ou Belzébuth, mais les trois prénoms perdirent toute légitimité car le bébé s'avéra être une fille.

Ils l'appelèrent Madelyn, raccourci en Maddy, le temps pour elle de parvenir jusqu'à la couveuse. A ce moment-là, je me trouvais dans un hôtel à Portland, dans l'Oregon, et j'appris la nouvelle par mon frère qui appelait depuis la salle de réveil. Il avait une voix douce et mélodieuse, à peine plus qu'un chuchotement. « Mama a des tuyaux plein la chatte mais y a rien de grave, dit-il. Elle est couchée et la petite Maddy lui tète le nichon à en perdre la tête. » C'était le Paul nouveau, plus doux : même vocabulaire, mais le ton était plus tendre et teinté d'émerveillement. La césarienne avait été pénible mais, après s'être plaint des mois gaspillés à aller aux cours d'accouchement sans douleur, il adopta un ton méditatif. « Il y en a qu'il faut libérer et d'autres qui sortent d'eux-mêmes mais, prête-moi une oreille attentive, frère, avoir un bébé, c'est un putain de miracle.

— Tu as bien dit " prête-moi une oreille attentive " ? » demandai-je.

Kathy rentra à la maison à la fin de cette semaine-là, mais il y avait des complications. Ses jambes étaient gonflées. Elle souffrait de difficultés respiratoires. Une ambulance la transporta aux urgences où on lui retira du corps quinze litres de liquide : de l'eau en rétention et, à son grand désespoir, son lait maternel. « Elle en aura encore, dit Paul, mais à cause de tous les médicaments qu'on lui donne, il va falloir le tirer et le jeter. » C'était les termes médicaux qu'il avait repris du médecin, lequel lui avait annoncé dans le même souffle que Kathy ne pourrait plus avoir d'enfants. « Son cœur est trop fragile, mais tu peux croire une merde pareille ? » Sa voix nouvelle disparut temporairement.

« Venir démolir le moral de Mama D alors qu'elle a des tuyaux partout et qu'elle est déjà à moitié morte de peur ? J'ai dit : "Connard, allez vous faire voir avec votre tirer-jeter, espèce de trouduc-de-faculté-de-médecine-pakistanaise, je vais me trouver un spécialiste."

— Tu savais, lui dis-je, qu'au XIXe siècle on prenait des chiots pour tirer le lait des femmes ? »

Paul ne répondit rien.

« Je trouvais que c'était une jolie image », dis-je.

Il acquiesça mais il avait d'autres préoccupations : sa femme malade, le bébé dont il s'occupait seul, et le second enfant espéré qu'il savait maintenant qu'ils n'auraient jamais. « Des chiots, dit-il. Je parie qu'ils peuvent vous téter le cul jusqu'à la dernière goutte. »

Je pris l'avion pour Raleigh deux semaines après la naissance du bébé et mon père, mal rasé et paraissant vraiment ses quatre-vingts ans, vint me chercher à l'aéroport avec une heure de retard. « Tu me pardonneras d'être un peu déboussolé, dit-il. Je ne suis pas très en forme et j'ai mis longtemps à trouver mes médicaments. » Il souffrait, semblait-il, d'une petite infection qu'il combattait en prenant les antibiotiques prescrits à l'origine à son danois. « Un cachet c'est un cachet, dit-il. Qu'ils soient pour les chiens ou pour les humains, c'est du pareil au même. »

Je trouvai ça drôle et le racontai à ma sœur Lisa

qui ne comprenait pas vraiment ce qui m'amusait autant. « Je trouve ça horrible, dit-elle. C'est vrai, comment Sophie va-t-elle guérir si papa lui prend tous ses médicaments ? »

Outre un tee-shirt taché, mon père portait un jeans déchiré et une casquette de base-ball brodée du logo d'un groupe de heavy metal. Lorsque je lui posai la question, il haussa les épaules et dit qu'il l'avait trouvée dans un parking.

« Tu crois que le père de *Kathy* s'habille comme un roadie d'Iron Maiden ? demandai-je.

— Je me fous complètement de ce qu'il met, dit mon père.

— Tu crois que quand il est malade, *lui*, il court à l'animalerie prendre des médicaments sans ordonnance ?

— Peut-être pas, mais quel est le rapport ?

— Je demande, c'est tout.

— Et quoi, dit mon père, tu crois que tu vas gagner le prix du Meilleur Oncle en créchant en France et en faisant sauter des pancakes avec ton petit ami ?

— Des pancakes ?

— Enfin, je ne sais pas comment on les appelle. Des *crêpes*.

Il s'éloigna du trottoir, se servant de sa main libre pour remettre d'aplomb les lunettes surdimensionnées qu'il avait achetées dans les années soixante-dix et retrouvées depuis peu dans un tiroir. Il prit la direction de chez Paul et, en chemin, je lui racontai une anecdote que j'avais entendue dans l'un des aéroports. Une jeune mère s'était présentée au contrôle de sécurité avec deux rations de lait maternel qu'elle avait fait tirer et l'abruti de service l'avait obligée à ouvrir les deux flacons et à en boire un peu.

« Je te crois pas, dit mon père.

— Si, c'est vrai, lui dis-je. Ils veulent s'assurer qu'on ne transporte pas de poison ni d'explosif. C'est la raison pour laquelle les donneurs de sperme voyagent en car.

— Quel monde pourri ! » dit-il.

Des suggestions pour améliorer ce monde pourri étaient affichées sur son pare-chocs arrière. Mon père et moi ne partageons pas les mêmes idées politiques et, quand je monte en voiture avec lui, j'ai tendance à m'avachir sur le siège, parce que j'ai honte d'être vu à l'intérieur de ce que mes sœurs et moi appelons la Bushmobile. C'est comme de redevenir petit garçon. Papa au volant et ma tête si basse que je ne peux pas regarder par la vitre. « On arrive bientôt ? demandé-je. On arrive ? »

Comme Madelyn dormait à notre arrivée, Paul, mon père et moi, nous fîmes cercle autour du berceau pour l'adorer à voix basse. L'un d'eux déclara qu'elle ressemblait à ma mère, mais pour moi elle ne ressemblait qu'à un bébé, non pas au modèle mignon qu'on voit dans les publicités pour les couches, plutôt au modèle rouge et ridé des petits vieux pleins d'amertume.

« Ça changera quand elle aura des cheveux, dit Paul. Il y a des bébés qui naissent avec, mais pour la mère ça passe mieux quand ils ont la boule à zéro. »

Il agita la main devant les yeux fermés de sa fille.

« C'est aux mères que je pense. Vous imaginez ce que ça doit être d'avoir quelqu'un à l'intérieur de vous avec toute cette fourrure de merde ?

— Les cheveux et la fourrure, ce sont deux choses différentes, dit mon père. Avoir un raton laveur dans son ventre, bon, je vois ce que tu veux dire, mais quelques cheveux n'ont jamais fait de mal à personne. »

Paul frémit et je lui racontai un documentaire

récent, l'histoire d'un garçon qui avait été séparé par la chirurgie de son secret jumeau intérieur. Petite poupée sans cœur ni cerveau, il vivait à l'intérieur de lui depuis sept ans.

« Tout ça, ça va, chuchotai-je. Mais il avait les cheveux vraiment longs.

— Longs comment ? » demanda Paul.

En vérité, je n'avais pas vu le documentaire, j'avais seulement lu quelque chose dessus.

« Vraiment longs, dis-je. Dans les quatre-vingt-dix centimètres.

— C'est comme d'avoir une putain de poupée Willie Nelson en vie dans le ventre, dit Paul.

— Tout ça, c'est des foutaises, dit mon père.

— Non, vraiment. Je l'ai vu.

— Tu parles, que tu l'as vu. »

Le bébé porta un poing à sa bouche et Paul plongea la tête dans le berceau.

« C'est juste ton oncle Pédale et ton loqueteux de Papy qui racontent des conneries », dit-il.

Et entendre ça, c'était si... réconfortant.

Quand mon père fut parti, Paul réchauffa un biberon de lait en poudre. Le bébé s'éveilla et Kathy l'installa sur le canapé où tous les quatre ensemble nous regardâmes des vidéos prises à l'hôpital. Que mon frère n'ait pas filmé la césarienne elle-même m'entraîna à penser que quelqu'un le lui avait expressément interdit, sans doute pour des raisons légales ou sanitaires. Il y avait une ellipse entre l'arrivée du médecin et le bébé au visage écarlate, braillant comme un appel urgent à l'autre bout du cordon ombilical. Comme pour compenser les sept minutes manquantes, la séquence de la salle de réveil dure une éternité. Kathy boit de l'eau dans un verre en plastique. Une infirmière passe pour changer les pansements. Souvent, ma belle-sœur est nue ou les seins à l'air, mais si elle était gênée de se voir à la télévision grand écran, elle n'en montra rien. Parfois c'était elle qui tenait la caméra, si bien que nous vîmes Paul en short de jean et tee-shirt promotionnel, une casquette de base-ball enfoncée sur la tête, la visière rabattue sur la nuque.

Ils avaient regardé cette vidéo des dizaines de fois, mais ils étaient fascinés. « Là c'est l'arrivée de l'aide soignante », dit Kathy. Paul coupa le son et, quand la femme passa la tête dans l'entrebâillement de la porte, il doubla sa voix.

« Tout le monde dort là-dedans, on dirait.

— Refais-le, dit Kathy.

— Tout le monde dort là-dedans, on dirait.

— Encore.

— Tout le monde dort là-dedans, on dirait. »

Un peu plus loin, il y avait une séquence du premier caca du bébé. Ça ressemblait à du goudron et, quand il eut suinté jusqu'au bout, Paul poussa le bouton du retour arrière et regarda la flaque se contracter et remonter dans le corps de sa fille.

« Tu as vu comme elle est noire, cette merde ? dit-il. Tu peux me croire, cette petite, c'est une *surdouée*. »

Il tourna Madelyn vers l'écran de la télévision et elle poussa un petit cri composé de deux syllabes, où Paul entendit « Bonjour ! » mais que je traduisis par quelque chose de plus près de « Au secours ! ».

Les gens qui n'ont rien à prouver offrent des cadeaux de naissance pratiques : des grenouillères en coton solide destinées à résister aux cycles de vomi et de lavage. Les gens qui sont candidats aux titres d'Oncle et de Tante préférés – comme mes sœurs et moi – envoient des culottes en satin et des pulls délicats tricotés à la main, accompagnés de messages disant « P-S. Le col en fourrure est amovible ». Le bébé est photographié dans chaque nouvelle tenue et je reçois des photos presque quotidiennement. Sur ces photos mon frère et sa femme n'ont pas l'air de parents, mais de ravisseurs de contrées éloignées, qui gardent secrètement une très riche héritière du Cachemire.

Entre les appareils photo et les caméras vidéo, le moindre geste de Madelyn est enregistré et présenté comme « Le premier jour où... ». Le premier jour où Bébé est allé à la plage est aussi le premier jour où Bébé a vu un ouragan. Dans les bras de sa mère, elle regarde au-delà des herbes sur les dunes en direction du ciel qui s'obscurcit, le visage plissé en une expression de sagesse et d'intérêt jamais vue chez l'un ou l'autre de ses parents. Le 4 Juillet, Halloween, Thanksgiving sont pour elle des jours comme les autres, mais Paul et Kathy, la raison paralysée par l'amour, sont convaincus que leur fille est une érudite et qu'elle est aussi excitée qu'eux.

Le Premier Jour d'Hiver de Bébé, Madelyn regarda une vidéo de *Un Chant de Noël*, puis elle regarda son père qui, imitant un gentleman anglais, se posa des favoris. Ceci fut réalisé non pas avec de faux poils en kit mais simplement au moyen de deux tranches de bacon qui, placées le long de sa mâchoire, restèrent collées plusieurs minutes de suite par l'effet de la graisse sur la chair humaine. Après quoi Paul sortit l'échelle et fixa des guirlandes de Noël sur le devant de sa maison. Ephémères, elles aussi, elles tombèrent dans les buissons dès que la photo eut été prise. Le bébé, bien sûr, savait déjà ce qu'il allait recevoir. Les cadeaux étaient donnés dès que mon frère rentrait du magasin. Le Premier Livre Animé de Bébé. La Première Poupée Parlante de Bébé. Un de ses cadeaux était un jeu éducatif appelé Mon Ami l'Alphabet. Faites le P, par exemple, et la machine récite la lettre.

Faites le P puis le A, puis encore le P et le A, et elle relie les lettres pour composer un mot qu'elle prononce avec difficulté. « Peu-Aa-Peu-Aa. » On croit entendre une boîte vocale mécanique et c'est beaucoup trop avancé pour une enfant de l'âge de Madelyn. Elle ne lui accorda pas un regard, si bien qu'au matin de Noël c'était devenu le jouet de mon frère. Il tient absolument à ce que l'appareil dise des gros mots, mais Mon Ami l'Alphabet est malin et bien élevé, et il n'a pas tardé à comprendre où l'autre voulait en venir. *F-i-l-s*, ça passe, mais essayez de continuer avec *d-e-p-u-t-e* et dès la quatrième lettre la machine se met à rire et, d'une voix naturelle de petite fille, vous dit ce qu'elle en pense : « Ha, ha, ha, *ha* ! Tu es une canaille ! »

« Je n'arrive même pas à lui faire dire *chatte*, dit-il, et ça c'est un animal ! »

L'état de santé de ma belle-sœur nécessite qu'elle dorme la nuit, si bien que lorsque Madelyn se réveille à deux, trois et cinq heures du matin, Paul se charge de la nourrir et de la changer, ou de la promener autour de la maison en la suppliant de faire son rot. Comme ce n'est plus la peine d'aller se coucher, il shoote dans son oreiller d'une pièce à l'autre et s'effondre par terre devant son berceau ou le transat installé dans la salle à manger. Quand, les unes après les autres, toutes mes sœurs sont allées se coucher, il m'appelle et tient le téléphone devant la bouche de sa fille. Pendant des mois, je l'ai écoutée pleurer à l'autre bout du monde, mais elle a grandi et a appris à rire, à roucouler et à soupirer avec ce contentement de bébé grâce à quoi je comprends comment certains ont pu mettre un enfant au monde, ce monde pourri qui est le nôtre.

« Elle va le lui faire payer un jour ou l'autre, dit

mon père. Tu verras. Dans quelques années, Madelyn ne voudra plus entendre parler de lui. »

Je regarde vers le futur et je vois le visage de mon frère, impossiblement mûr. Sa fille a rejeté toutes ses valeurs et se tient à présent sur l'estrade d'une université prestigieuse. Elle est la première de sa promotion et elle se prépare à prononcer son discours de remise des diplômes. Que pensera-t-elle en voyant son père dans l'allée pousser un cri de porc et soulever son tee-shirt pour montrer le message animé peint sur son ventre nu ? Détournera-t-elle la tête, comme le prédit mon père, ou se pourrait-il qu'elle se souvienne de toutes les nuits où elle s'est réveillée et l'a trouvé, lui : ce balourd, ce tas, ce jouet stupide et sentimental, endormi à ses pieds ?

Night des morts-vivants

J'étais sur le perron, en train de noyer une souris dans un seau d'eau, quand le van s'est arrêté, ce qui m'a paru bizarre. Un jour normal il passe peut-être quinze voitures au maximum, mais personne ne s'arrête jamais, sauf les gens qui habitent ici. Et il était tard, trois heures du matin. Le couple d'en face dort à neuf heures et, autant que je sache, les voisins d'à côté se couchent à peu près une heure plus tard. Il n'y a pas de lampadaires dans les rues de notre village de Normandie et, quand il fait noir, il fait vraiment noir. Et dans les moments de calme, on entend tout.

« Est-ce que je vous ai parlé du cambrioleur qui est resté coincé dans la cheminée ? » C'était la grande histoire de l'été dernier. Une fois c'était arrivé dans le village au pied de la colline, la jolie colline traversée par une rivière, et une autre fois c'était arrivé à vingt-deux kilomètres dans la direction opposée. J'ai entendu l'histoire racontée par quatre personnes, et chaque fois elle s'était produite dans un endroit différent.

« Alors, ce cambrioleur, disaient les gens. Il a essayé les portes et les fenêtres et, comme elles ne s'ouvraient pas, il a grimpé sur le toit. »

Ça se passait toujours dans une maison d'été, un cottage appartenant à des Anglais dont personne ne savait plus le nom. Le couple partait au début du mois de septembre, revenait dix mois après et trouvait une chaussure dans la cheminée. « C'est à toi ? » demandait la femme à son mari.

Ils venaient d'arriver. Il fallait faire les lits et aérer les placards, et donc, entre une chose et une autre, on oublia la chaussure. C'était début juin, il faisait frais, et à la tombée de la nuit, le mari décida d'allumer un feu.

A cette étape de l'histoire, ceux qui la racontaient étaient dans un grand état d'excitation, leurs yeux luisaient comme si la lumière d'un feu de camp s'y reflétait. « Croyez-vous sincèrement que je vais croire une chose pareille ? disais-je alors. Non, mais, *vraiment*. »

Au début de l'été le journal local avait consacré trois colonnes à un concours de manger de camembert. Sur la photo, les concurrents avaient les mains derrière le dos et le visage enfoui dans le fromage mou et gluant. Et tout ça en première page. Dans une région où on manque cruellement de nouvelles, je crois qu'une mort par inanition pourrait faire la une pendant, oh, pas loin de six ans.

« Mais attendez ! me dit-on. Ce n'est pas fini ! »

Comme la fumée envahissait la pièce, le mari enfonçait un balai dans le conduit de cheminée. Quelque chose bloquait l'évacuation et il poussait encore et encore, délogeant le cambrioleur à présent à l'état de squelette, qui tombait debout dans les flammes.

Là, il y avait toujours un temps d'arrêt, une pause entre l'histoire et les questions pratiques qui finissaient toujours par tout gâcher. « Alors, qui était ce cambrioleur ? demandais-je. A-t-on identifié son corps ? »

C'était un Gitan, et, par deux fois, un Arabe. Personne ne savait plus exactement d'où il venait. « Mais c'est vrai, disait le conteur. Vous pouvez demander à n'importe qui », ce qui signifiait que c'était son voisin qui lui avait raconté l'histoire, ou la personne à qui celui-ci l'avait lui-même racontée quelques minutes auparavant.

Je n'ai jamais cru qu'un cambrioleur pouvait mourir d'inanition dans une cheminée. Je ne crois pas que son squelette soit tombé dans le foyer. Mais je crois aux esprits, surtout quand Hugh n'est pas là et que je reste seul à la campagne. Pendant la guerre, notre maison avait été réquisitionnée par les nazis. L'ancienne propriétaire était morte dans la chambre à coucher, tout comme le propriétaire précédent, mais ce ne sont pas leurs fantômes qui m'inquiètent. Je sais, c'est stupide, mais ce qui me fait peur c'est qu'il puisse y avoir des zombies, d'anciens villageois errant dans des robes de nuit couvertes de pus. Il y a une église avec un cimetière à trois cents mètres de là et si ses résidents passaient la grille et tournaient à gauche, notre maison serait la troisième qu'ils rencontreraient. Allongé dans mon lit, toutes les lampes allumées, je prépare une stratégie pour parer à toute éventualité, au cas où ils auraient envie de me rendre une p'tite visite. Le grenier me semble une cachette raisonnable, mais il faudrait condamner la porte, ce qui demanderait du temps, le temps que l'on n'a pas quand des zombies sont décidés à passer par les fenêtres.

Avant je restais dans mon lit, les yeux ouverts, des heures entières, mais maintenant, quand Hugh est parti pour la nuit, je reste debout et je m'occupe : j'écris des lettres, je nettoie le four, je remplace les boutons manquants. Je ne mets pas la machine à laver en route parce qu'elle fait trop de bruit et qu'elle risque de couvrir d'autres bruits plus alarmants – à savoir les pas traînants des morts-vivants.

Ce soir-là, le soir où le van s'arrêta devant chez nous, je me trouvais dans ce qui sert à la fois de cuisine et de salon, et j'essayais de reconstituer une maquette compliquée d'Ecorché. Le corps, en plastique transparent, était une enveloppe pour les organes, dont les couleurs allaient du rouge vif au pourpre bilieux. Nous l'avions acheté comme cadeau d'anniversaire pour un garçon de treize ans, fils d'un ami, qui le déclara *nul*, autrement dit « sans valeur, inacceptable ». L'été précédent, il voulait devenir médecin mais, au cours des mois suivants, il semblait avoir changé d'idée, et penchait plutôt pour dessiner des souliers. Je lui suggérai de garder au moins les pieds mais, comme il fronçait le nez, nous lui donnâmes vingt euros et décidâmes de garder la maquette pour nous. Je venais de composer l'appareil digestif quand j'entendis un bruit familier provenant de l'étage et laissai tomber par terre la moitié du côlon.

Dans le jardin latéral il y a un noyer et, tous les ans, Hugh cueille les fruits et les met à sécher sur le sol du grenier. Peu de temps après, arrivent les souris. Je ne sais pas comment elles font pour grimper l'escalier, mais elles y parviennent et, sur leur liste, la première chose à faire est de prendre les noix de Hugh. Comme elles sont beaucoup trop grosses pour être emportées dans la bouche, elles choisissent plutôt de les faire rouler sur le sol et de les pousser en direction du nid qu'elles ont installé dans les espaces étroits entre les murs et les avant-toits. Arrivées là, elles constatent que les noix n'entrent pas et j'ai beau trouver cela comique, Hugh pense autrement et place, dans tout le grenier, des pièges que je fais sauter avant que les souris n'y touchent. Si c'étaient des rats, les choses seraient différentes, mais une ou deux souris ? « Allez, dis-je. C'est trop mignon. »

Parfois, quand le roulement me tape sur les nerfs, j'allume la lumière dans le grenier, je fais semblant de monter l'escalier et elles se calment pendant un certain temps. Or, ce soir-là, la ruse ne prit pas. On entendait toujours le bruit, mais il semblait qu'on traînait quelque chose plutôt que de le rouler. Un galet ? Un gros morceau de pain ? Une fois encore, j'allumai la lumière dans le grenier et, comme le bruit continuait, je montai et trouvai une souris prise dans l'un des pièges que Hugh avait placés. La barre d'acier s'était rabattue sur son dos et elle dessinait des cercles étroits, non pas dans les soubresauts de l'agonie mais plutôt avec un esprit de détermination, un effort pour travailler à l'intérieur de ces limites nouvelles. « Je peux vivre avec ça, semblait-elle dire. Je vous assure. Donnez-moi ma chance. »

Je ne pouvais pas la laisser ainsi ; je plaçai donc la souris piégée dans une boîte en carton et l'emportai jusque devant la maison. L'air frais, m'étais-je dit, lui ferait du bien et, une fois relâchée, elle pourrait courir jusqu'au pied des marches et filer dans le jardin, loin de la maison qui à présent était synonyme de mauvais souvenirs. J'aurais dû soulever la barre avec les doigts mais, craignant qu'elle me morde, je maintins plutôt le piège sous mon pied et tentai de l'ouvrir du bout d'une règle en fer. C'était stupide. A peine la barre s'était-elle soulevée qu'elle s'abattit à nouveau, cette fois sur le cou de la souris. Mes trois autres tentatives furent tout aussi accablantes et, quand elle fut enfin libre, elle gagna le paillasson en titubant, les os brisés jusqu'au dernier en au moins quatre endroits. Il était évident qu'elle n'allait pas se rétablir. Pas même un vétérinaire n'aurait pu réparer cette souris et donc, pour mettre fin à son supplice, je décidai de la noyer.

La première chose à faire, et pour moi la plus difficile, consistait à descendre à la cave chercher le seau. Il fallait pour cela quitter le perron bien éclairé, contourner la maison et pénétrer dans ce qui est certainement le trou le plus lugubre et le plus terrifiant de toute l'Europe. Plafond bas, murs de pierre, sol en terre battue marqué d'empreintes de pattes. Je n'y entre jamais sans m'annoncer. « Hayaa ! crié-je. Hayaa ! Hayaa ! » C'est le bruit que fait mon père quand il entre dans son appentis, le cri des cow-boys quand ils rassemblent les veaux, et il suggère un certain degré d'autorité. Serpents, chauves-souris, belettes – c'est le moment de se regrouper et d'aller plus loin. Pour chercher le seau, j'emportai deux lampes de poche, une dans chaque main, tenues à hauteur de hanche, comme des pistolets. Puis je donnai un coup de pied dans la porte – « Hayaa ! Hayaa ! » –, j'empoignai ce que j'étais venu chercher et pris mes jambes à mon cou. J'étais de retour sur le perron en moins d'une minute, mais il fallut plus longtemps pour que mes mains cessent de trembler.

Le problème quand on veut noyer un animal – même un animal blessé – est qu'il refuse de coopérer. Cette souris n'avait plus rien à attendre de l'existence, mais elle luttait, avec quoi, je ne sais pas vraiment. J'essayai de la maintenir sous l'eau avec un manche à balai mais ce n'était pas l'outil indiqué pour ce travail et elle ne cessait de se dégager et de remonter à la surface. Une créature aussi opiniâtre, on a envie de la laisser arriver à ses fins, mais là c'était pour son bien, qu'elle en eût conscience ou non. Je venais de réussir à bloquer sa queue au fond du seau quand le van s'approcha et s'arrêta devant la maison. Je dis « van », mais c'était plutôt un autocar miniature, avec des vitres et trois rangées de sièges. Les grands phares étaient allumés et le ruban de la route se dessinait devant eux, noir et parfait.

Au bout d'un moment ou deux, la vitre s'abaissa du côté du conducteur et un homme passa la tête dans le rond de lumière qui venait du perron. « Bonsoir ! » cria-t-il. Il le dit comme un homme dans un canot de sauvetage crierait « Ohé ! » à un bateau passant par là, en donnant l'impression qu'il était très heureux de me voir. Quand il ouvrit la portière, une lumière s'alluma et je pus distinguer cinq passagers assis derrière lui, deux hommes et trois femmes, chacun me regardant avec la même expression de soulagement. C'étaient tous des adultes entre soixante ou soixante-dix ans, et tous avaient les cheveux blancs.

Le conducteur consulta un petit livre qu'il tenait à la main. Après quoi il reposa les yeux sur moi et tenta de réciter ce qu'il venait de lire. C'était en français, mais très vaguement, et prononcé phonétiquement, sans aucune connaissance des accents.

« Est-ce que vous parlez anglais ? » demandai-je.

L'homme battit des mains et se retourna sur son siège. « Il parle anglais ! » La nouvelle fut accueillie avec beaucoup d'excitation puis traduite à l'attention de l'une des femmes qui, semblait-il, n'en comprenait pas la portée. Pendant ce temps, ma souris était remontée à la surface et se servait d'une patte valide pour s'accrocher à la paroi du seau.

« Nous cherchons un endroit précis, dit le conducteur. Une maison que nous louons avec des amis. »

Il parlait d'une voix forte et avec une pointe d'accent. Hollandais, pensai-je, ou peut-être scandinave.

Je demandai dans quelle ville se trouvait la maison et il répondit que ce n'était pas une ville, juste un willage.

« Un quoi ?

— Un willage », répéta-t-il.

Soit il avait un problème d'élocution, soit la lettre V n'existait pas dans sa langue maternelle. Quoi qu'il en fût, je voulais le faire répéter.

« Pardon, dis-je. Je n'ai pas bien entendu.

— Un willage, dit-il. Des amis ont loué une maison dans un petit willage et nous ne le trouvons pas. Nous sommes censés être arrivés depuis des heures, mais nous voilà maintenant complètement perdus. Connaissez-vous les environs ? »

Je répondis que oui, mais je demeurai perplexe quand il cria le nom. Il y a d'innombrables petits villages dans notre partie de la Normandie, des bâtiments de pierre dissimulés par des forêts ou rassemblés au bout de chemins de terre. Hugh aurait peut-être su où se trouvait l'endroit que cherchait l'homme, mais, comme je ne conduis pas, je ne fais pas très attention.

« J'ai une carte, dit l'homme. Vous pourriez peut-être y jeter un coup d'œil ? »

Il descendit du van et je vis qu'il portait un survêtement en polyester blanc, avec un pantalon large et resserré aux chevilles. On s'attend à trouver des tennis attachées à ce genre de tenue, mais au lieu de cela il portait des mocassins noirs. Le portail était ouvert et, comme il montait les marches, je me rappelai l'activité qui m'occupait et je songeai qu'elle pouvait paraître étrange. Il me vint à l'esprit d'aller à la rencontre de l'homme, mais à ce moment-là il avait déjà atteint le palier et tendait la main en témoignage d'amitié. Nous échangeâmes une poignée de main et, quand il entendit le léger bruit de succion, il regarda le seau en plissant les yeux.

« Oh, dit-il, je vois que vous avez une petite souris nageuse. »

Le ton qu'il avait adopté n'exigeait pas d'explication, et donc je ne lui en donnai aucune.

« Ma femme et moi avons un chien, reprit-il. Mais nous ne l'avons pas emmené. Trop de complications. »

Je hochai la tête et il me montra sa carte, une photocopie de photocopie marquée de flèches et annotée dans une langue que je ne reconnaissais pas.

« Je crois que nous avons mieux dans la maison », dis-je et, à mon invite, il me suivit à l'intérieur.

La visite inattendue d'un étranger vous permet de voir un lieu familier comme pour la toute première fois. Je pense au métreur qui fouille dans la cuisine à huit heures du matin, aux Témoins de Jéhovah que vous retrouvez brusquement au milieu de votre salon. « Tenez, semblent-ils dire. Prenez mes yeux. Ils y voient mieux. » J'avais toujours considéré que notre pièce principale était une pièce gaie, mais en franchissant la porte je vis que je m'étais trompé. Elle n'était ni sale ni en désordre, mais elle paraissait légèrement suspecte, comme on peut paraître suspect quand on est encore debout à l'heure où tous les gens normaux dorment à poings fermés. Je regardai l'Ecorché étalé sur la table. Les morceaux étaient éparpillés sous l'œil d'un gros poulet empaillé qui avait l'air de les examiner pour décider quel organe serait le plus appétissant. La table elle-même offrait un spectacle agréable – en chêne et fabriquée artisanalement – mais les chaises qui l'entouraient étaient désassorties et souffraient de maux divers. Au dossier de l'une pendait une serviette brodée de l'emblème du Bureau du Coroner du Comté de Los Angeles. C'était un cadeau, je ne l'avais pas achetée moi-même, mais elle était quand même là, entraînant le regard vers une méridienne sur laquelle étaient posés deux numéros d'un magazine relatant des crimes authentiques et sordides que j'achète dans l'intention de perfectionner mon français. La couverture du dernier numéro montrait une jeune Belge, une campeuse, battue à mort à l'aide d'un parpaing. UN MEURTRIER EN SÉRIE RÔDE-T-IL DANS VOTRE RÉGION ? demandait le titre en une. Le deuxième numéro était ouvert aux mots croisés que j'avais tenté de résoudre au début de la soirée. L'une des définitions indiquait « organe sexuel féminin » et dans l'espace fourni j'avais écrit le mot *vagin.* C'était la première fois que je trouvais une réponse à un problème de mots croisés français et, pour fêter ça, j'avais rempli les marges de grands points d'exclamation.

C'était comme un thème qui se développait et tout ce que je voyais semblait lui donner de la substance : le catalogue de revolvers et d'armes à feu crevant soudain les yeux sur l'étagère, le couteau à viande posé sans raison apparente sur une photo du petit-fils de nos voisins. « C'est surtout une maison d'été », dis-je, et l'homme hocha la tête. Il regardait maintenant la cheminée, qui était légèrement plus haute que lui. Je ne vois généralement que le foyer en pierre et le haut manteau en chêne, mais ce qu'il examinait, c'était les crochets à viande qui pendaient dans le conduit tapissé de suie.

« Sur la route, toutes les autres maisons étaient éteintes, dit-il. J'ai l'impression que ça fait des heures que je roule, à chercher quelqu'un qui soit réveillé. Nous avons vu vos lumières, la porte ouverte... » Ses mots familiers semblaient sortis d'innombrables films d'horreur, dits par l'âme insoumise s'annonçant au comte, au savant fou, au loup-garou, quelques instants avant sa métamorphose.

« *Je suis vraiment désolé de vous déranger.*

— *Oh, vous ne me dérangez pas, j'étais juste en train de noyer une souris. Entrez, je vous prie.*

— Donc, dit l'homme, vous avez une carte. »

J'en possédais plusieurs et je sortis la plus détaillée d'un tiroir contenant, entre autres, une longueur de corde et un stylo fantaisie qui ressemblait à un doigt arraché. *D'où viennent tous ces trucs ?* me demandai-je à moi-même. Il y a une petite commode près de la table et, ayant poussé le crâne délicat d'un bébé singe, je dépliai la carte dessus, je repérai la route qui passait devant notre maison puis le village que l'homme cherchait. Il se trouvait à moins de quinze kilomètres. L'itinéraire était simple, mais je proposai de lui donner la carte, sachant qu'il serait plus tranquille s'il pouvait la consulter en chemin.

« Oh, non, dit-il, c'est impossible, mais j'insistai et, du haut du perron, je le regardai, muni de la carte, descendre l'escalier et grimper dans le van qui tournait au ralenti.

— Si vous avez le moindre problème, vous savez où j'habite, dis-je. Vous et vos amis pouvez dormir ici cette nuit si vous voulez. Si, je vous assure. J'ai plein de lits. »

L'homme au survêtement agita la main en signe d'adieu et il descendit la colline, disparaissant derrière le toit en pente des voisins.

La souris qui avait tant lutté contre mon manche à balai avait perdu la partie et flottait, désormais sans vie, à la surface de l'eau. Je songeai à vider le seau dans le champ derrière la maison, mais sans le van, ses phares, et le bruit rassurant du moteur, la zone située au-delà du perron semblait trop menaçante. L'intérieur de la maison me parut brusquement tout aussi inquiétant et je restai là, à regarder en direction de ce que je considérais maintenant comme mon willage. Au lever du soleil, j'irais enterrer ma défunte et remplir le seau d'hortensias, un peu de vie et de couleur, si parfaits pour la table. Si agréables à l'œil.

Remerciements

Tous mes remerciements vont aux différents éditeurs avec lesquels je considère avoir eu la chance de travailler : Jeffrey Frank du *New Yorker*, Ira Glass de « This American Life », Maja Thomas et Steve Lamont chez Little, Brown, et Andy Ward d'*Esquire* et G.Q.

Table

Nous et eux 9
Qu'il neige 19
Du tonnerre 23
Partie carrée 35
De l'observation des étoiles 46
Le fric, c'est chic 57
En quoi j'ai changé 75
Hégire 90
Marchandus de sommeillus 93
La fille d'à côté 106
Un job saignant 124
La fin d'une liaison 137
Répète après moi 141
Six à huit Noirs 157
Le coq se maque 165
Possession 179
Un bœuf sur la langue 186
Piqué des vers 202
Le poulet dans le poulailler 208
Qui est le chef ? 222
Bébé Einstein 228
Night des morts-vivants 242

Remerciements 253

Impression réalisée sur Presse Offset par

CPI
Brodard & Taupin

La Flèche (Sarthe), 45679
N° d'édition : 3974
Dépôt légal : septembre 2007
Nouveau tirage : février 2008

Imprimé en France